Artur Gliwa / Helmut Globisch / Tanja Kellner

DAS GEWERBE- UND GASTSTÄTTENRECHT IN NIEDERSACHSEN

Herausgegeben vom

N|S|I

Kommunale **Hochschule**
für Verwaltung in Niedersachsen

Maximilian Verlag
Hamburg

SCHRIFTENREIHE
KOMMUNALE HOCHSCHULE FÜR VERWALTUNG IN NIEDERSACHSEN

Artur Gliwa
Helmut Globisch
Tanja Kellner

DAS GEWERBE- UND GASTSTÄTTENRECHT IN NIEDERSACHSEN

Vorliegende Ausgabe erscheint als Band 29 in der Schriftenreihe der Kommunalen Hochschule für Verwaltung in Niedersachsen, herausgegeben von Prof. Dr. Michael Koop und Prof. Holger Weidemann.

Bibliografische Information der Deutschen Nationalbibliothek
Die Deutsche Nationalbibliothek verzeichnet diese Publikation in der Deutschen Nationalbibliografie; detaillierte bibliografische Daten sind im Internet über https://portal.dnb.de abrufbar.

Redaktionsstand: 01.11.2020

ISBN 978-3-7869-1204-0

Ein Unternehmen der TAMMMEDIA

Layout und Produktion: Inge Mellenthin
Druck und Bindung: Plump Druck & Medien GmbH

Printed in Germany

INHALT

ABKÜRZUNGSVERZEICHNIS

Abb.	Abbildung
Abs.	Absatz
AG	Aktiengesellschaft
AktG	Aktiengesetz
AO	Abgabenordnung
ArbZG	Arbeitszeitschutzgesetz
Art.	Artikel
BeckOK	Beck'scher Online-Kommentar
BeckRS	Beck Rechtsprechung
bes.	besonderes
Beschl. v.	Beschluss vom
BewachV	Verordnung über das Bewachungsgewerbe
BewachVwV	Allgemeine Verwaltungsvorschrift zum Vollzug des § 34a der Gewerbeordnung und zur Bewachungsverordnung
BFH	Bundesfinanzhof
BFM	Bundesministerium der Finanzen
BGB	Bürgerliches Gesetzbuch
BGBl	Bundesgesetzblatt
BGH	Bundesgerichtshof
BGHZ	Entscheidungen des BGHs in Zivilsachen
Bsp.	Beispiel
bspw.	beispielsweise
BStBl	Bundessteuerblatt
BVerfG	Bundesverfassungsgericht
BVerwG	Bundesverwaltungsgericht
BVerwGE	Entscheidungen des BVerwG
BW	Baden-Württemberg
BZRG	Bundeszentralregister
bzw.	beziehungsweise
d.h.	das heißt
DIHK	Deutsche Industrie- und Handelskammertag e.V.
DLRG	Deutsche Lebens-Rettungs-Gesellschaft e.V.
DLRL	EU-Dienstleistungsrichtlinie
DÖV	Die Öffentliche Verwaltung
DRK	Deutsches Rotes Kreuz e.V.
EL	Ergänzungslieferung
f.	folgende
ff.	fortfolgende
GbR	Gesellschaft bürgerlichen Rechts
gef.	gefasst
GewArch	Gewerbearchiv

GewO	Gewerbeordnung in der aktuellen Fassung
GG	Grundgesetz
GmbH	Gesellschaft mit beschränkter Haftung
GmbHG	GmbH-Gesetz
grds.	grundsätzlich
GVBl	Gesetz- und Verordnungsblatt
h.M.	herrschende Meinung
Hs.	Halbsatz
IHK	Industrie- und Handelskammer
i.V.m.	in Verbindung mit
JuS	Juristische Schulung
Kfz	Kraftfahrzeug
KG	Kommanditgesellschaft
KGaA	Kommanditgesellschaft auf Aktien
LAG	Landesarbeitsgericht
lfd.	laufende
mwN	mit weiteren Nachweisen
Nds.	Niedersachsen
Nds. GVBl	Niedersächsisches Gesetz- und Verordnungsblatt
NVwVfG	Niedersächsisches Verwaltungsverfahrensgesetz
NFeiertagsG	Nds. Gesetz über die Feiertage
NGastG	Niedersächsisches Gaststättengesetz
NJW	Neue Juristische Wochenschrift
NKomVG	Nds. Kommunalverfassungsgesetz
NPOG	Niedersächsisches Polizei- und Ordnungsgesetz
Nr.	Nummer
NvWZ	Neue Zeitschrift für Verwaltungsrecht
NZM	Neue Zeitschrift für Miet- und Wohnungsrecht
o.g.	oben genannt
oHG, OHG	Offene Handelsgesellschaft
OVG	Oberverwaltungsgericht
OWiG	Gesetz über Ordnungswidrigkeiten
ProstSchG	Prostituiertenschutzgesetz
Rn.	Randnummer
RL	Richtlinie
S.	Satz
s.o.	siehe oben
sog.	sogenannt
StGB	Strafgesetzbuch
teilw.	teilweise

u.	und
u.a.	unter anderem
Urt.	Urteil
u.U.	unter Umständen
v.	vom
VA	Verwaltungsakt
Var.	Variante
VerwRspr	Verwaltungsrechtsprechung in Deutschland Sammlung obergerichtlicher Entscheidungen aus dem Verfassungs- und Verwaltungsrecht
VG	Verwaltungsgericht
VGH	Verwaltungsgerichtshof
vgl.	vergleiche
VwVfG	Verwaltungsverfahrensgesetz
WaffG	Waffengesetz
z.B.	zum Beispiel
Zust-VO	Zuständigkeitsverordnung

VORWORT

Das Gewerbe- und Gaststättenrecht ist ein schnell wandelndes und immer wieder hochaktuelles Rechtsgebiet in der Bundesrepublik Deutschland. Mit der Entstehung vor über 150 Jahren im Jahre 1869 wurde das Gewerbe im rechtlichen Sinne erstmalig normiert und im Laufe der Zeit stetig verändert und angepasst. Trotz der geschichtlichen, sozialen, gesellschaftlichen und politischen Wandlungen konnte das Gewerberecht im Vergleich zu vielen anderen Rechtsgebieten erhalten bleiben und seine Position im Rechtssystem festigen. Geschützt durch die sich aus der Gewerbeordnung direkt ergebene Gewerbefreiheit und der Berufsfreiheit aus dem Grundgesetz, erfasst das Gewerberecht nicht nur die Gewerbetreibenden, sondern auch die gesamte Bevölkerung im tagtäglichen (Zusammen-) Leben mit Gewerbearten unterschiedlicher Art. Das Gewerbe hat eine zentrale Rolle in der Gesellschaft. Es schafft Arbeitsplätze, es fördert soziale Strukturen, prägt und bildet Landschaften, Städte und ermöglicht das gesellschaftliche Leben in der Bundesrepublik Deutschland.

Ein solch wichtiges und zentrales Element des täglichen Lebens muss und wird durch die öffentliche Hand reguliert und überwacht mithilfe der umfangreichen Instrumentarien der Rechtsordnung. Das vorliegende Werk soll einen Überblick über die Gewerbeordnung geben und den Lesern des Buches verständlich erläutern, was ein Gewerbe ist, welche Gewerbearten unterschieden werden und die rechtlichen Möglichkeiten und Befugnisse der zuständigen Aufsichtsbehörden veranschaulichen, um ein Gewerbe zu reglementieren. Anhand ausgewählter Beispiele werden die Eingriffsmöglichkeiten, aber auch die Anspruchsgrundlagen differenziert betrachtet.

Zudem wird für das in Niedersachsen geltende Niedersächsische Gaststättengesetz eine Erläuterung und Erarbeitung der wichtigsten Rechtsnormen durchgeführt. Das Buch richtet sich daher sowohl an Studierende und Teilnehmer der juristischen und verwaltungswissenschaftlichen Studien- und Lehrgänge als auch an Praktiker und Mitarbeiter der örtlichen Gewerbeaufsichts- und Ordnungsämter.

Die Autoren wünschen Ihnen nun viel Freude bei der Arbeit mit dem Buch.

Verbesserungen, Anregungen und Kritik nehmen die Autoren gerne unter der folgenden E-Mail-Adresse entgegen: artur.gliwa@nsi-hsvn.de

Hannover, im November 2020
Artur Gliwa, Helmut Globisch, Tanja Kellner

1 EINORDNUNG DES GEWERERECHTS

1 Das Gewerberecht und Gaststättenrecht sind besondere Teile des Gefahrenabwehrrechts und dienen daher zur Wahrung der öffentlichen Sicherheit und Ordnung in Zusammenhang mit der Ausübung eines Gewerbes bzw. einer Gaststätte. So sollen sämtliche Gefahren, Belästigungen und sonstige Nachteile für die Allgemeinheit abgewehrt werden. Bis zum Jahr 1930 war das Gaststättenrecht ein fester Bestandteil der Gewerbeordnung (GewO). In den darauffolgenden Jahren wurde unter anderem diese Spezialmaterie aus der Gewerbeordnung ausgegliedert und im Gaststättengesetz separat normiert. Im Jahr 2011 wurde dann beschlossen, dass das Gaststättenrecht in die Verantwortung der Länder übergehen soll. Diverse Bundesländer, darunter auch Niedersachsen, haben daraufhin eigene Gesetze verabschiedet. In Niedersachsen gilt seit dem 01.01.2012 das Niedersächsische Gaststättengesetz (NGastG).

2 Das folgende Schaubild soll bei der Einordnung der Gesamtmaterie in den Kontext des Gefahrenabwehrrechts einen guten und wertvollen Einblick ermöglichen.

3 Das besondere Gewerberecht ist noch deutlich umfangreicher und beinhaltet z. B. auch sämtliche baurechtliche Vorschriften. Das Allgemeine Gefahrenabwehrrecht hingegen greift nur, sofern das Besondere Gefahrenabwehrrecht aufgrund von fehlenden gesetzlichen Regelungen keine Anwendung findet (siehe § 3 Abs. 1 S. 2, 3 NPOG).

4

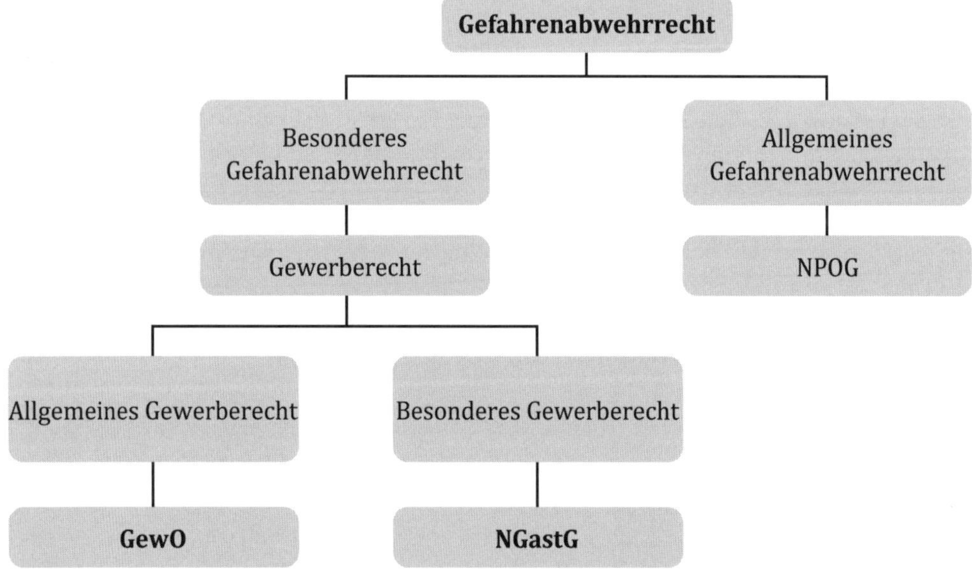

2 ALLGEMEINES

Aufgabenstellungen aus dem Gewerberecht sind zahlreich in Ausbildung, Studium und 5
behördlichem Alltag vertreten. Grundlegende Kenntnisse der Gewerbeordnung und ihrer Nebengesetze sind damit unentbehrlich. Die Gewerbeordnung ist dabei der wichtigste Teil des sog. Wirtschaftsverwaltungsrechts. Blicken wir also auf das Wirtschaftsrecht als Gesamtheit aller Gesetze und Normen, die die unternehmerischen Tätigkeiten regeln, haben wir gleichzeitig die Rechtsbeziehungen des Staates zu den Bürgern in diesem Zusammenhang im Rahmen des Verwaltungsrechts nicht außer Acht zu lassen. Das sog. Wirtschaftsverwaltungsrecht, insbesondere die Gewerbeordnung, gibt also nicht nur den Bürgern das Recht, wirtschaftlich tätig zu werden, sondern auch den Behörden Überwachungs-, Gestaltungs- und Schutzmöglichkeiten.

6

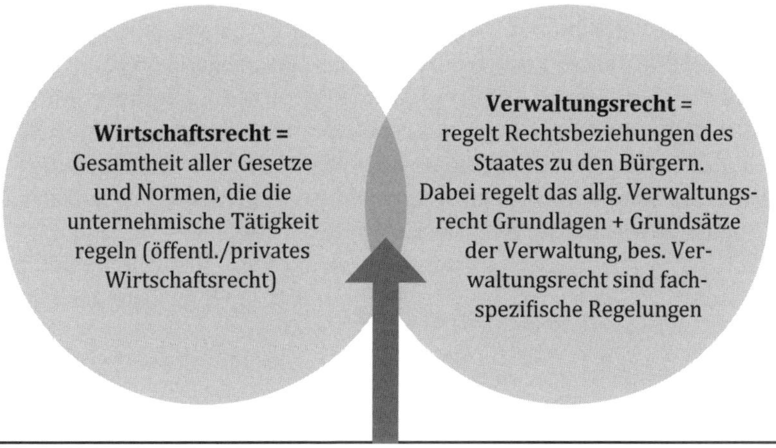

Wirtschaftsrecht =
Gesamtheit aller Gesetze und Normen, die die unternehmische Tätigkeit regeln (öffentl./privates Wirtschaftsrecht)

Verwaltungsrecht =
regelt Rechtsbeziehungen des Staates zu den Bürgern. Dabei regelt das allg. Verwaltungsrecht Grundlagen + Grundsätze der Verwaltung, bes. Verwaltungsrecht sind fachspezifische Regelungen

Wirtschaftsverwaltungsrecht:

Erfasst die Rechtsverhältnisse des Bürgers zur Verwaltung in Bezug auf wirtschaftliche Tätigkeit. Insoweit können in Abgrenzung zum Wirtschaftsverfassungsrecht, -privatrecht, -strafrecht z. B. lenkende, eingreifende, beaufsichtigende und regelnde Sachverhalte zwischen Behörde und Gewerbetreibenden Gegenstand des Wirtschaftsverwaltungsrechts sein. Das Subventionsrecht und das Gewerberecht sind sicher seine wichtigsten Bestandteile. Der Fokus des Buches liegt allerdings allein auf der Gewerbeordnung und dem Niedersächsischen Gaststättengesetz.

2.1 GESCHICHTE DES WIRTSCHAFTSVERWALTUNGSRECHTS

7 Geschichtlich betrachtet reicht das Wirtschaftsverwaltungsrecht weit zurück, denn die Idee von Handel und Handwerk existierte z. B. schon im Römischen Reich auf abgehaltenen Märkten. Nach anfänglicher Tauschwirtschaft setzte sich die Geldwirtschaft durch, und Waren und Dienstleistungen, die nicht selbst erwirtschaftet werden konnten, waren auf diese Weise erhältlich. Im Mittelalter bemerkte man, dass man durch einen gewissen Zusammenschluss eigene Regeln und Vorgaben durchsetzen konnte, und so entstanden die Vorläufer von Zünften und Innungen. Zu Beginn der Neuzeit war die Wirtschaft nicht nur eine wichtige Einnahmequelle, sondern man sah auch das Erfordernis der Überwachung durch die Polizei. Nach der Niederlage im Dritten Napoleonischen Krieg suchte Preußen im Jahr 1806 nach staatlicher Erneuerung. Innerhalb der Reformpolitik gab es mehrere Meilensteine, wie das Edikt über die Bauernbefreiung, in denen jedem Bürger u. a. unabhängig von der Standeszugehörigkeit der freie Grundstückserwerb und die Aufhebung der ständischen Berufsschranken gewährt wurde. Als „Tor zur Gewerbefreiheit" war „jeder Edelmann, ohne allen Nachteil seines Standes, ab 1807 befugt, bürgerliche Gewerbe zu betreiben". Unter Hardenberg erfolgte weiter das Gewerbesteueredikt (1810) und das Gewerbepolizeigesetz (1811). Die Preußische allgemeine Gewerbeordnung von 1845[1] erfolgte aufgrund einer Revision der bestehenden Vorschriften und sollte die Materie noch einmal vereinheitlichen. Der Norddeutsche Bund, der ab 1866 alle Staaten nördlich der Mainlinie unter preußischer Führung vereinte und später im deutschen Kaiserreich aufging, erhielt 1869 die Gewerbeordnung[2]. Diese Gewerbeordnung des Norddeutschen Bundes ist tatsächlich bis heute unsere Ursprungsfassung der Gewerbeordnung und somit unser direkter Vorläufer. Deutlich wird dieses immer noch, wenn man das Ausfertigungsdatum der heutigen Gewerbeordnung betrachtet: 21.06.1869.

2.2 GESETZGEBUNGSKOMPETENZ „RECHT DER WIRTSCHAFT"

8 Das Recht der Wirtschaft (u. a. auch das Gewerbe) unterliegt heute der konkurrierenden Gesetzgebungskompetenz nach Art. 74 Abs. 1 Nr. 11 GG, jedoch wurden durch die Föderalismusreform 2006 einige Teilbereiche (vgl. im Gesetzestext: „ohne ...") explizit davon ausgeschlossen. Dies bedeutet im Umkehrschluss, dass die ausgeschlossenen Bereiche weiterhin der grundsätzlichen Ländergesetzgebung nach Art. 70 GG unterliegen. Als Beispiel ist hier das NGastG zu nennen. Niedersachsen hat von seiner Gesetzgebungskompetenz für das Recht der Gaststätten 2011 Gebrauch gemacht – im Gegensatz dazu gilt z. B. derzeit in Hamburg oder Bayern das Gaststättengesetz des Bundes gem. Art. 125a

[1] Die neue allgemeine Gewerbe-Ordnung für die preußische Monarchie, digitalisiert unter http://dingler.culture.hu-berlin.de/article/pj095/mi095102_1 (Zugriff 30.03.2020).

[2] Bundesgesetzblatt des Norddeutschen Bundes Band 1869, Nr. 26, Seite 245–282; digitalisiert unter https://commons.wikimedia.org/w/index.php?title=Category:Bundesgesetzblatt_des_Norddeutschen_ Bundes_1869&uselang=de&fileuntil=Norddeutsches+Bundesgesetzblatt+1869+020+178.jpg (Zugriff 25.06.2020).

Abs. 1 S. 1 GG weiter fort, bis auch diese Bundesländer ihre eigenen Gaststättengesetze verabschieden.[3]

2.3 GEWERBEARTEN

Einen ersten Eindruck über den Inhalt der Gewerbeordnung kann durchaus das Inhaltsverzeichnis des Gesetzes bringen. Man wird anhand der Titel eine gewisse Systematik erkennen und neben den „Allgemeinen Bestimmungen" (Titel I) schon gleich auf die drei Gewerbearten – stehendes Gewerbe/Reisegewerbe/Messen, Ausstellungen, Märkte – hingewiesen. Anhand der Einordnung des jeweiligen Gewerbes in seine bestimmte gewerbliche Betätigungsart erfolgt auch die Anwendung der jeweils maßgeblichen Vorschriften. Grundsätzlich erfolgt die rechtliche Ausgestaltung der festgestellten Gewerbeart immer im dazugehörigen Titel, es sei denn, es existiert eine entsprechende Verweisungsnorm, wie z. B. § 61a GewO. 9

Titel II der Gewerbeordnung behandelt das stehende Gewerbe. Eine Definition, was darunter zu verstehen ist, liefert die GewO nicht. Insoweit hat sich eine sog. Negativabgrenzung entwickelt, d. h., zum ***stehenden Gewerbe*** wird das gezählt, was nicht Reisegewerbe oder Marktverkehr ist.[4] Demnach ist das stehende Gewerbe auch eine Auffangkategorie. 10

Bezüglich des Reisegewerbes kommt Titel III zur Anwendung. Die in § 55 Abs. 1 GewO enthaltene Legaldefinition besagt, dass ein ***Reisegewerbe*** betreibt, wer gewerbsmäßig, ohne vorherige Bestellung außerhalb seiner gewerblichen Niederlassung oder ohne eine solche zu haben entweder nach Nr. 1 Waren feilbietet oder Bestellungen aufsucht oder ankauft bzw. Leistungen anbietet oder Bestellungen auf Leistungen aufsucht oder nach Nr. 2 unterhaltende Tätigkeiten als Schausteller oder nach Schaustellerart ausübt. In Abgrenzung zum stehenden Gewerbe wird vielfach auch vereinfachend gesagt, dass bei einem stehenden Gewerbe der Kunde zum Gewerbetreibenden kommt, entgegen sich beim Reisegewerbe der Unternehmer unangemeldet zum möglichen Kunden begibt.[5] 11

Auch für den ***Marktverkehr*** bietet das Gesetz entsprechende Definitionen an. Die §§ 64–68 GewO enthalten zunächst Legaldefinitionen für die entsprechenden Veranstaltungstypen Messe, Ausstellung, Großmarkt, Wochenmarkt, Spezial- und Jahrmarkt. Sofern die Voraussetzungen für einen Veranstaltungstyp erfüllt sind und die Veranstaltung nach § 69 GewO festgesetzt wurde, kommen die Veranstaltungsteilnehmer in den Genuss der Marktprivilegien.[6] 12

---

3 Vgl. Grupp/Stelkens, Saarheim, http://www.saarheim.de (Zugriff 16.06.2020).

4 Vgl. BVerwG, Urteil vom 27.10.1978 – 1 C 5/75, VerwRspr 1979, 840 (842).

5 Vgl. VG München, Urteil vom 14.03.2011 – M 16 K 11.875, BeckRS 2011, 50798.

6 Vgl. Ennuschat in Ennuschat, Vor §§ 64 ff., Rn. 4, § 69 Rn. 1.

13

Gewerbearten nach der Gewerbeordnung		
Stehendes Gewerbe	**Reisegewerbe**	**Marktverkehr**
• §§ 14–52 GewO • keine Legaldefinition • Negativabgrenzung: alles, was nicht Reisegewerbe oder Marktverkehr ist	• §§ 55–61a GewO • Legaldefinition in § 55 Abs. 1 GewO	• §§ 64–71b GewO • Definitionen jeweils §§ 64 ff. GewO

2.4 GEWERBEFREIHEIT

14 Das gesamte Gewerberecht wird vom Grundsatz der Gewerbefreiheit beherrscht. Außer in § 1 Abs. 1 GewO ist dieses auch in Art. 12 Abs. 1 GG verfassungsrechtlich verankert.[7] Nach § 1 Abs. 1 GewO „ist der Betrieb eines Gewerbes jedermann gestattet, soweit nicht durch dieses Gesetz Ausnahmen oder Beschränkungen vorgeschrieben oder zugelassen sind". Hiermit wird ein Regel-Ausnahme-Prinzip bzw. Verhältnis begründet, indem grundsätzlich „jedermann", d. h. In- und Ausländern, natürlichen wie juristischen Personen, das subjektive-öffentliche Recht garantiert wird, ein Gewerbe zu beginnen und ein begonnenes Gewerbe weiterzuführen, sofern keine Einschränkungen bestehen.[8] Geschützt wird durch § 1 Abs. 1 GewO die sog. ***Gewerbezulassungsfreiheit***. Das „ob" eines Gewerbes in Form von Beginn und Fortsetzung darf nur durch die Gewerbeordnung selbst und – entgegen des Wortlautes – durch anderes Bundesrecht beschränkt werden, nicht jedoch durch Landesrecht.[9] Scharf abzugrenzen davon ist die Ausübung des Gewerbes, also das „wie" bzw. die Art und Weise. Vorschriften über die Art und Weise der Ausübung werden von § 1 Abs. 1 GewO nicht erfasst und können somit nach allgemeiner Auffassung auch landesrechtlich geregelt werden.[10]

15 Beispiel:

Untersagt die Behörde aufgrund von § 11 NPOG (polizeirechtliche Generalklausel) einem Gewerbetreibenden seine Waschanlage an Sonntagen zu öffnen, so ist nur das „wie" der Gewerbeausübung betroffen und er kann grundsätzlich der Tätigkeit an den anderen Tagen weiter nachgehen. Die Gewebefreiheit in Form des „ob" wird durch diese Maßnahme, die durch § 11 NPOG i. V. m. § 4 Abs. 1 NFeiertagsG erlassen wird, nicht tangiert.

7 Vgl. Weidemann/Rotaug/Barthel, S. 19.

8 Vgl. Korte in Schmidt/Wollenschläger, § 9, Rn. 36.

9 Vgl. BVerwG Urteil, 24.06.1971 - 1C 39.67, NJW 1971, 1475 (1476). Ausnahmen möglich, sofern der Landesgesetzgeber ausdrücklich ermächtigt wird wie in §§ 33b, 71a GewO.

10 Vgl. Winkler in Ennuschat, § 1, Rn. 90 ff., Külpmann, § 4, S. 68.

2.5 GEWERBEBEGRIFF

Der Gewerbebegriff ist in der Gewerbeordnung nicht legaldefiniert. Insoweit handelt es sich um einen unbestimmten Rechtsbegriff, der durch Rechtsprechung und Literatur mit Inhalt zu füllen ist und der je nach Einzelfall Gerichten und Behörden ermöglicht, diesen Begriff flexibel durch wandelnde Wertmaßstäbe und Lebensumstände auszugestalten. Damit zeigt sich, dass der Gewerbebegriff einem dynamischen Verständnis unterliegt und gesellschaftlich anpassungsfähig ist.[11] 16

Im Laufe der Zeit hat sich durch die Rechtsprechung eine Begriffsbestimmung entwickelt, wonach ***Gewerbe i. S. d. Gewerberechts als „eine nicht sozial unwertige (generell nicht verbotene), auf Gewinnerzielungsabsicht gerichtete und auf Dauer angelegte selbstständige Tätigkeit" zu verstehen ist und „die nicht zur Urproduktion, zu den freien Berufen oder zur bloßen Verwaltung eigenen Vermögens zu rechnen ist"***.[12] 17

Der Gewerbebegriff besteht also aus sieben Merkmalen, die kumulativ vorliegen müssen, wobei die Merkmale „erlaubt", „mit Gewinnerzielungsabsicht", „auf Dauer" und „Selbstständigkeit" auch als positive Merkmale oder in Gewerbsmäßigkeit gebündelt werden sowie die Merkmale „keine Urproduktion", „kein freier Beruf" und „keine bloße Verwaltung eigenen Vermögens" als negative Merkmale oder der Gewerbsfähigkeit zugeteilt werden.[13] 18

Gewerbebegriff 19

⇨ Gewerbe im Sinne der Gewerbeordnung ist jede erlaubte, selbstständige, auf Gewinnerzielungsabsicht und auf Dauer angelegte Tätigkeit, ausgenommen Urproduktion, freie Berufe und bloße Verwaltung eigenen Vermögens.

Gewerbsmäßigkeit ≙ positive Merkmale	**Gewerbsfähigkeit** ≙ negative Merkmale
• erlaubte Tätigkeit	• keine Urproduktion
• dauerhafte Tätigkeit	• kein freier Beruf
• Gewinnerzielungsabsicht	• keine bloße Verwaltung eigenen Vermögens
• selbstständige Tätigkeit	

Für die Anwendung der GewO ist das Vorliegen des Gewerbebegriffs Voraussetzung. Allerdings ist Vorsicht geboten, denn der Begriff des Gewerbes ist nicht in allen Rechtsbereichen gleich zu verstehen. So ist z. B. der gewerberechtliche Gewerbebegriff vom steuerrechtlichen Gewerbebegriff zu differenzieren, denn aufgrund seiner andersartigen Zielsetzung kann dies im Einzelfall zu abweichenden Ergebnissen führen. Während das Gewerberecht als besonderes Ordnungsrecht der Wahrung der öffentlichen Sicherheit und Ordnung dienen 20

[11] Vgl. Pielow in GewO, § 1 GewO, Rn. 134.

[12] So zuletzt BVerwG Beschl. vom 11.03.2008 – 6 B 2/08, NJW 2008, 1974 (1974) mwN.

[13] Vgl. Winkler in Ennuschat, § 1, Rn. 2.

soll, um dadurch die Allgemeinheit und Einzelne gegen Gefahren, erhebliche Nachteile und erhebliche Belästigungen durch wirtschaftliche Betätigung zu schützen, stellt das Steuerrecht auf den Finanzbedarf der Gemeinden ab, der durch Gewerbebetriebe entsteht. Ohne auf die einzelnen Gewerbemerkmale einzugehen, kann der § 6 GewO allerdings grundsätzliche Hinweise geben, ob der Anwendungsbereich der GewO überhaupt eröffnet ist. Insoweit legt der § 6 GewO nur den Anwendungsbereich der Gewerbeordnung fest, stellt aber nicht klar, was ein Gewerbe ist oder nicht. Dieser Norm kommt also eher eine deklaratorische Funktion zu und einer Klarstellung in Grenzfällen, bei denen vielleicht der anerkannte Gewerbebegriff nicht zweifelsfrei bejaht werden kann und es deshalb unklar ist, ob die GewO anwendbar ist.[14]

Die Gewerbemerkmale im Einzelnen:

21 ➢ Erlaubte Tätigkeit

Die Tätigkeit müsste als Erstes erlaubt sein. Das bedeutet, dass sie als solche rechtskonform sein muss, was in zwei Richtungen abzugrenzen ist. Zum einen darf die Tätigkeit weder gegen Verfassungsrecht, Straf- oder andere Verbotsgesetze verstoßen noch darf sie sittenwidrig bzw. sozial unwertig sein, d. h. den allgemein anerkannten sittlichen und moralischen Wertvorstellungen zuwiderlaufen.[15] Wichtig ist, dass auf die ausgeübte Tätigkeit abzustellen ist. Geht beispielsweise ein Maler seiner Tätigkeit „in Schwarzarbeit" nach, so ist diese Tätigkeit nicht verboten, denn die Tätigkeit des Malens ist weder verboten noch sittenwidrig.

22 Beispiele:

Der Organ- oder Gewebehandel ist nach § 17 Transplantationsgesetz[16] verboten oder die Veranstaltung von verbotenen Glücksspielen nach § 285 StGB unter Strafe gestellt. Beides kann also nicht gewerblich betrieben werden, da das Merkmal „erlaubt" nicht erfüllt ist. Ebenso ist aber auch lange Zeit die Prostitution als „sittenwidrig" eingestuft worden. Diese Argumentation ist allerdings mit der Einführung des Prostituiertenschutzgesetzes revidiert worden. Allerdings könnte z. B. das Argument der Sittenwidrigkeit wieder für die gewerbliche Sterbehilfe herangezogen werden. Der § 217 StGB a. F.[17], der bis dato die geschäftsmäßige Förderung der Selbsttötung unter Strafe stellte, wurde durch das Bundesverfassungsgericht[18] gekippt und für verfassungswidrig erklärt, sodass die gewerbliche Sterbehilfe per se nicht mehr durch Strafgesetz verboten ist. Inwieweit kommerzielle Sterbebegleitung gewerberechtlich reguliert wird, bleibt abzuwarten, sodass die Argumentation über die Sittenwidrigkeit bzw. soziale Unwertigkeit als möglich erscheint, um an dieser Stelle ein Gewerbe zu verneinen und damit die GewO nicht weiter in Anwendung zu bringen.

14 Vgl. Winkler in Ennuschat, § 6, Rn. 2.

15 Vgl. Eisenmenger in Landmann/Rohmer, § 1, Rn. 14–21.

16 Transplantationsgesetz in der Fassung der Bekanntmachung vom 4. September 2007 (BGBl. I S. 2206), das zuletzt durch Artikel 16 des Gesetzes vom 19. Mai 2020 (BGBl. I S. 1018) geändert worden ist.

17 § 217 neu gefasst mit Wirkung vom 10.12.2015 durch Gesetz v. 03.12.2015 (BGBl. I S. 2177).

18 Vgl. BVerfG, Urteil vom 26. Februar 2020 – 2 BvR 2347/15.

➢ Gewinnerzielungsabsicht 23

Gewinnerzielungsabsicht liegt vor, sofern mit der Tätigkeit die subjektive Absicht verfolgt wird, einen unmittelbaren oder mittelbaren wirtschaftlichen Vorteil zu erwirtschaften, der zu einem nennenswerten Überschuss über den Ausgleich der eigenen Aufwendungen hinausführt.[19] Die Erzielung tatsächlichen Gewinns ist dabei unerheblich, solange subjektiv ein Gewinnstreben vorhanden ist.[20] Differenziert von der Gewinnerzielungsabsicht ist die Gewinnverwendungsabsicht zu betrachten. Der Verwendungszweck des Gewinns ist unbeachtlich, auch wenn der Überschuss z. B. gemeinnützig eingesetzt werden soll.[21]

Kontrovers diskutiert wird in Rechtsprechung und Lehre die Beurteilung, wie mit außer- 24
wirtschaftlichen – also religiösen, gemeinnützigen, ideellen oder sozialen – Zwecken umzugehen ist. Rein gemeinnützige Betätigungen, anerkannt nach § 52 AO durch das entsprechende Finanzamt, werden in der Praxis größtenteils von der Gewinnerzielungsabsicht ausgenommen.[22] Bezüglich weiterer außenwirtschaftlicher Zwecke wird man nicht bereits im Vorfeld die Gewinnerzielungsabsicht ausschließen können, sondern eher im Einzelfall entscheiden müssen, ob tatsächlich (auch) ein „intendierter Erwerbszweck"[23] vorhanden ist.

Dient der Zweck der Erfüllung öffentlicher Aufgaben, wie beispielsweise kommunale 25
Einrichtungen der Daseinsvorsorge durch die öffentliche Hand, stellt dies auch keine Gewinnerzielungsabsicht dar.[24]

Beispiele: 26

G hat ein Start-up-Unternehmen gegründet. Er verkauft innovative Zahnbürsten. In den ersten Jahren macht er leider keinen Gewinn. Dennoch besitzt er Gewinnerzielungsabsicht, denn das Unternehmen ist grundsätzlich geeignet, Gewinn zu erzielen; er will grundsätzlich mehr als eine Kostendeckung erwirtschaften und er verkauft die Zahnbürsten zu einem ortsüblichen Marktpreis, sodass auch dadurch eine Gewinnerzielungsabsicht vermutet[25] werden kann.
Der DLRG oder das DRK verfolgen als gemeinnützige eingetragene Vereine keine Gewinnerzielungsabsicht, da Gemeinnützigkeit als „das Gegenteil" von Gewinnerzielungsabsicht angesehen wird.[26]

---

19 Zum Gewinn: OVG Lüneburg, Urteil vom 29.08.2007 – 7 LC 229/06, GewArch 2008, 34 (35).
20 Vgl. BVerwG Urteil vom 05.11.1985 – 1 C 14/84, NvWZ 1986, 296 (296).
21 Vgl. Winkler in Ennuschat, § 1, Rn. 22.
22 Vgl. Eisenmenger in Landmann/Rohmer, § 1, Rn. 26; LAG Sachsen, 30.07.2010; 2 Sa 148/10, Pielow in GewO, § 1, Rn. 146; differenziert betrachtet nach der Überwachungsbedürftigkeit: Winkler in Ennuschat, § 1, Rn. 19.
23 Pielow in GewO, § 1, Rn. 152.
24 Vgl. Winkler in Ennuschat, § 1 Rn. 24.
25 Vgl. Winkler in Ennuschat, § 1 Rn. 15.
26 Vgl. Troidl in Aktuelles Gewerberecht, § 1 Rn. 26, 27; http://www.walhalla-online.de (Zugriff 26.03.2020).

27 ➢ Auf Dauer

Dauerhaft ist jede nachhaltige, planmäßige nicht nur auf gelegentliche, zufällige, vorrübergehende Ziele ausgerichtete Tätigkeit.[27] Dauerhaftigkeit liegt auch bei einer planmäßig sich wiederholenden Tätigkeit vor, wie beispielsweise bei einem Saisonbetrieb. Eine ununterbrochene Tätigkeit ist nicht erforderlich, sondern die Absicht, durch eine Wiederholung eine dauerhafte Einnahmequelle zu schaffen.[28]

28 Beispiel:

W betreibt seit einigen Jahren ein kleines Eiscafé auf Wangerooge. In den Wintermonaten sind nur wenige Touristen vor Ort, sodass sich eine Öffnung nicht durchgehend finanziell lohnt. W beschließt daher, jedes Jahr von November bis einschließlich Februar das Café nicht zu öffnen. Dennoch liegt hier trotz Unterbrechung eine dauerhafte Tätigkeit vor, denn es wird planmäßig von W beabsichtigt, nach der Winterpause wieder zu öffnen.

29 ➢ Selbstständige Tätigkeit

Selbstständig handelt, wer nach außen hin auf eigene Rechnung und unter Übernahme des Unternehmerrisikos im eigenen Namen auftritt und im Innenverhältnis in persönlicher und sachlicher Unabhängigkeit eigenverantwortlich handelt.[29] Im Gegensatz zum Arbeitnehmer lastet auf dem Selbstständigen das Existenz- und Berufsrisiko bzw. Unternehmerrisiko selbst und er handelt weisungsfrei ohne Einbindung in eine fremde Arbeitsorganisation.

30 Beispiel:

Derzeit expandieren in großem Umfang Restaurantketten. Als Franchisenehmer werden sie in den einzelnen Städten geführt und obwohl sie unternehmerischen Vorgaben des Franchisegebers unterliegen, tragen sie selbst das unternehmerische Risiko ihrer Filiale und sind damit selbstständig tätig.[30]

31 ➢ Keine Urproduktion

Unter Urproduktion wird die Erzeugung roher Naturprodukte verstanden. Dazu zählen die Land- und Forstwirtschaft, der Garten- und Weinbau, das Sammeln wilder Früchte, die Jagd, Fischerei, der Bergbau und auch Baumschulen.[31] Aufgrund der Abhängigkeit dieser Tätigkeiten von Witterung, Jahreszeit, aber auch von teilweisen Ausnahmen von

---

27 Vgl. Ruthig/Storr, § 3, Rn. 222.

28 Vgl. BVerwG Urteil vom 27.10.1978 – 1 C 5.75, GewArch 1979, 96 (97).

29 Vgl. Pielow in GewO, § 1, Rn. 160.

30 Vgl. BGH Beschluss vom 27.01.2000 . III ZB 67/99, GewArch2000, 204 (205).

31 Vgl. Pielow in BeckOK GewO, § 1, Rn. 170, Diefenbach, GewArch 1991, 281 (281).

arbeitsrechtlichen Vorschriften wie das Sonntagsbeschäftigungsverbot, wird diese negative Abgrenzung zum Gewerbebegriff erforderlich. Vom Begriff erfasst werden auch sog. Folgetätigkeiten wie z. B. Zubereitung, Verarbeitung und Verkauf von Bodenerzeugnissen. Vielfach spricht man hier von der ersten Bearbeitungsstufe der Erzeugnisse, die von der Urproduktion erfasst wird.[32]

Beispiel 1: 32

Weitverbreitet ist heutzutage der sog. Hofladen. Der Bauer bietet direkt vor Ort auf seinem Hof die erzeugten Lebensmittel an. Ob auch diese Form der Tätigkeit noch dem Begriff Urproduktion unterzuordnen ist, hängt von mehreren Faktoren ab: Grundsätzlich zählt auch ein Nebenbetrieb noch zur Urproduktion, wenn dieser Nebenbetrieb eine untergeordnete Rolle zum Hauptbetrieb einnimmt, also nach wie vor vom Hauptbetrieb abhängig ist, in diesem nicht mehr als 10 % zugekaufte Waren vertrieben werden, die Waren nur zur ersten Verarbeitungsstufe gehören oder – falls zur zweiten Verarbeitungsstufe – nur max. 10 % des Gesamtumsatzes ausmachen und der Nebenbetrieb personell und räumlich mit dem Hauptbetrieb verbunden ist.[33] Die Grenzen sind dabei nicht immer einfach zu bestimmen und die Betrachtung des Einzelfalles ist wichtig.

Beispiel 2: 33

H bewirtschaftet im Umland von Hooksiel einen Bauernhof und erntet eigenes Obst und Gemüse. Dieses verkauft er lediglich geputzt u. a. in einem eigenen Ladenlokal in der Innenstadt von Hooksiel mit Namen „Omas Hofladen" zu regulären Geschäftszeiten und mit mehreren Angestellten. Dieser Laden wird von den Touristen gut angenommen, weil H ebenfalls dort aus seinen Früchten Marmelade und Obstschnaps in erheblichem Umfang verkauft, was gerne als Mitbringsel erworben wird. Dieser Laden kann nicht mehr als Urproduktionsnebenbetrieb eingestuft werden, da der Laden z. B. örtlich und personell vom Hauptbetrieb getrennt ist und der Marmeladen- und Schnapsverkauf zur zweiten Verarbeitungsstufe des Obstes gehört und der Umfang zu groß ist.

➢ Keine freien Berufe 34

Die Ausübung eines freien Berufes fällt ebenfalls nicht unter den Gewerbebegriff. Dabei gilt als freiberuflich eine wissenschaftliche, künstlerische und schriftstellerische Tätigkeit höherer Art sowie eine Dienstleistung höherer Art, die eine höhere Bildung in Form eines abgeschlossenen Hochschul- oder Fachhochschulstudiums oder eine besondere schöpferi-

---

32 Vgl. Landkreis Ansbach; https://www.landkreis-ansbach.de Zugriff 23.06.2020. Ebenfalls hier Tabelle mit Bearbeitungsstufen verschiedenster Erzeugnisse.

33 Vgl. mwN Deutscher Bundestag, Wissenschaftlicher Dienst; https://www.bundestag.de (Zugriff 23.06.2020); Landwirtschaftskammer Rheinland-Pfalz; https://www.lwk-rlp.de (Zugriff 23.06.2020).

sche Begabung erfordert.[34] Exemplarisch zu nennen sind hier Aufzählungen aus § 6 Abs. 1 GewO wie z. B. Rechtsanwälte, Ärzte, Architekten, Steuerberater. Da es sich bei den freien Berufen um einen Typusbegriff[35] handelt, ist bei der Qualifizierung immer zu fragen, ob die Tätigkeit als solche einen Hochschulabschluss erfordert oder nicht. Auf die tatsächlich vorhandene individuelle Formalqualifikation kommt es nicht an.[36]

35 Beispiele:

J hat sein Maschinenbau-Studium erfolgreich abgeschlossen. Leider will er nicht in diesem Bereich beruflich tätig werden, sondern seine Leidenschaft Yoga zum Beruf machen. Er eröffnet ein Yogastudio. Da für den Betrieb eines Yogastudios objektiv keine höhere Bildung in Form eines abgeschlossenen Studiums erforderlich ist, fällt diese Tätigkeit nicht in die Rubrik der freien Berufe. Daran ändert sich auch nichts, wenn J dennoch subjektiv ein Studium abgeschlossen hat.
M ist Maler und verkauft regelmäßig seine Bilder. Diese abstrakten Bilder entstehen je nach Gemütslage und sind stets individuell. Im Fall von M gehört zu seiner künstlerischen Tätigkeit auch der Verkauf der Bilder, da dies als Verwertung mit umfasst ist. Künstlerisch handelt er im Übrigen, da er eine freie geistig-eigenschöpferische Leistung erbringt. Würde er im Gegensatz dazu lediglich Auftragsarbeiten in Form von „Abmalen" von weltberühmten Gemälden wie der Mona Lisa erstellen, wäre an der künstlerischen Einstufung schon wieder zu zweifeln und ein Kunsthandwerk anzunehmen.

36 ➢ Keine bloße Verwaltung eigenen Vermögens

Die bloße Nutzung und Verwaltung eigenen Vermögens (z. B. Vermietung und Verpachtung) fällt auch nicht unter den Gewerbebegriff. Hierbei ist nach einer Bagatellgrenze zu fragen, unterhalb derer die Anwendbarkeit der GewO nicht geboten ist. Die Umstände des Einzelfalls wie z. B. Höhe des Kapitaleinsatzes, Beschäftigte, Organisationsaufwand sind entscheidend. Insoweit muss man sich bei der Bewertung bezüglich des Schutzzweckes die Frage stellen, ob es sich eher um eine Tätigkeit im Privatbereich handelt oder ob ein überwachungsbedürftiges Gefahrenpotenzial vorhanden ist. Dieses wird man i. d. R. annehmen, wenn Arbeitnehmer beschäftigt werden, es großen Organisationsaufwand gibt oder auch erhebliche Nachhaltigkeit und Gewinnstreben vorhanden sind. Steuerrechtlich bekannt ist die „Drei-Objekte-Grenze", wonach der Erwerb und die Veräußerung von mehr als drei Einheiten innerhalb von fünf Jahren als gewerblicher Grundstückshandel einzustufen ist.[37] Da allerdings der steuerrechtliche und gewerberechtliche Gewerbebegriff unterschiedlich auszulegen ist[38], sollte diese Formel im Gewerberecht nicht uneingeschränkt Anwendung finden und eher vorsichtig zur Argumentation herangezogen werden.

---

[34] Vgl. BVerwG, Urteil vom 27. 2. 2013 – 8 C 8/12, NJW 2013, 2214 (2215).
[35] OVG Lüneburg, Urteil vom 29.08.2007 – 7 LC 229/06, GewArch 2008, 34 (35/36).
[36] Vgl. zum Ganzen OVG Lüneburg, Urteil vom 29.08.2007, 7 LC 229/06, GewArch 2008, 34 ff.
[37] Vgl. BFH, Urt. v. 27. 9. 2012 – III R 19/11, NZM 2013, 775 (776).
[38] Vgl. BVerwG, Urteil vom 24. 6. 1976 – I C 56/74, NJW 1977, 772 (773).

Beispiele: 37

Der Eigentümer eines Apartmenthauses mit 15 Wohnungen vermietet zehn davon mit 55 Betten kurzfristig immer wieder. Hier wird auf das Gesamtbild der Tätigkeit abgestellt und begründet, dass es einem gewerblichen Umfang entspricht.[39] Die Vermietung einer Ferienwohnung im eigenen Haus stellt dagegen auch bei häufigem Mieterwechsel keine gewerbliche Tätigkeit dar.[40]

[39] Vgl. BVerwG, Urteil vom 26.01.1993 – 1 C 25/91, NVwZ 1993, 775 (776).

[40] Vgl. OLG Braunschweig, Beschl. 06.04.1987 – Ss (BZ) 47/85, NvWZ 1988, 1164 (1164).

3 STEHENDES GEWERBE

38 Im stehenden Gewerbe müssen grundsätzlich zwei Kategorien von gewerblicher Betätigung unterschieden werden. Auf der einen Seite gibt es lediglich **anzeigepflichtige Gewerbe**, auf der anderen Seite existieren darüber hinaus **erlaubnispflichtige Gewerbe**. Die GewO hat für besonders sensible gewerbliche Betätigung bestimmt, dass die Ausübung des Gewerbes an einen Erlaubnisvorbehalt geknüpft ist. Die Erlaubnispflicht besteht allerdings für ein Gewerbe nur dann, wenn dies gesetzlich vorgesehen ist. So hat der Gesetzgeber die gewerbliche Betätigung, von der typischerweise für die Allgemeinheit Gefahren ausgehen, die abgewehrt werden sollen, in Titel II Abschnitt II B der GewO gebündelt. Aber auch in anderen Gesetzen finden sich weitere Vorgaben: So ist z. B. für die Personenbeförderung eine Genehmigung oder für die gewerbliche Instandsetzung von Waffen oder den Handel mit Waffen eine Waffenherstellungs- bzw. -handelserlaubnis nach dem WaffG notwendig.

39

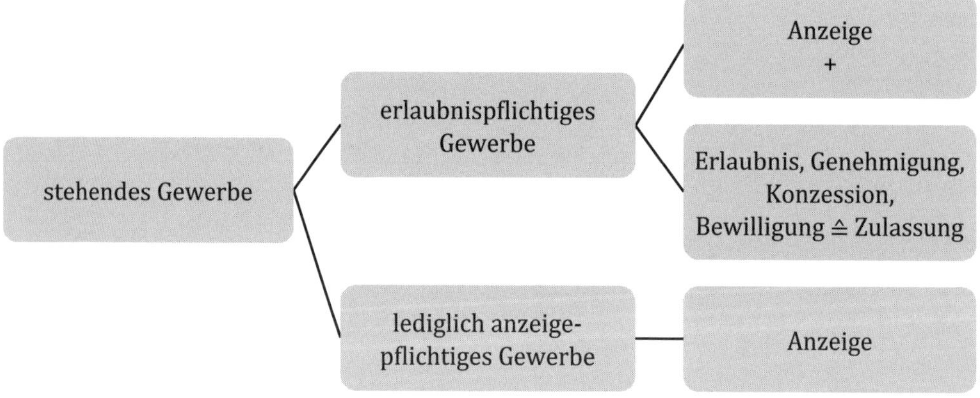

3.1 ANZEIGEPFLICHT

40 Unabhängig von der o. g. Einteilung unterliegt jedes stehende Gewerbe – trotz einer ggf. bestehenden Erlaubnispflichtigkeit – der Anzeigepflicht nach § 14 GewO. Sofern also der Betrieb eines stehenden Gewerbes, einer Zweigniederlassung oder einer unselbstständigen Zweigstelle angefangen wird, der Betrieb verlegt wird, der Gegenstand des Gewerbes gewechselt oder auf andere Waren oder Leistungen ausgedehnt wird, die nicht geschäftsüblich sind, oder aber der Betrieb aufgegeben wird, ist dies der zuständigen Behörde anzuzeigen. Damit soll den zuständigen Behörden die Überwachung der Gewerbeausübung ermöglicht werden, indem sie Kenntnis über Zahl und Art der in ihrem Bezirk vorhandenen Gewerbebetriebe erhält.[41]

[41] Vgl. Külpmann, § 4, S. 70.

➢ Adresssat der Anzeigepflicht 41

Der § 14 Abs. 1 GewO formuliert: „wer den Betrieb eines stehenden Gewerbes ...", sodass man davon ausgehen kann, dass die Anzeigepflicht nicht betriebs-, sondern personenbezogen ist. Die Anzeigepflicht trifft also den *Gewerbetreibenden,* d. h. die das Gewerbe ausübende natürliche oder juristische Person.[42] Hier sind u. U. die unterschiedlichen Rechtsformen des Gesellschaftsrechts zu betrachten, denn es muss geprüft werden, ob z. B. jeder am Betrieb Beteiligte selbst oder ob ggf. die Gesellschaft als Einheit eine Rechtspersönlichkeit besitzt und damit anzeigepflichtig ist. Bezüglich der Personengesellschaften wie einer GbR, oHG und KG haben alle persönlich haftenden Gesellschafter, nicht aber die Personengesellschaft als solche, ihrer Anzeigepflicht nachzukommen.[43] Teilweise wird dieses noch mit der fehlenden Rechtspersönlichkeit argumentiert[44]. Da allerdings der BGH 2001 die Rechtsfähigkeit bezüglich der (Außen)GbR anerkannt hat[45], ist diese Argumentation nicht mehr vollends stringent. Auch einer oHG und KG räumt man heute gewisse Teilrechtspersönlichkeit ein. Dementsprechend spricht man bezüglich des Gewerberechts heute davon, dass die Personengesellschaften „keine eigene Rechtspersönlichkeit im Sinne des Gewerberechts" haben[46], wobei sich auch der Bund-Länder-Ausschuss 2008 mehrheitlich dafür ausgesprochen hat, dass eine Anwendbarkeit des Gewerberechts auf die GbR aufgrund der Flüchtigkeit der Zusammensetzung der Gesellschaft nicht sinnvoll sei.[47] Hinsichtlich der juristischen Personen des Privatrechts ist die Einordnung etwas einfacher: einer GmbH wird nach § 13 Abs. 1 GmbHG, einer AG nach § 1 Abs. 1 AktG, oder einer KGaA nach § 278 Abs. 1 AktG durch die Rechtsordnung ohne Zweifel Rechtsfähigkeit verliehen. Damit ist für diese Gesellschaftsformen stets nur die Gesellschaft als Träger von Rechten und Pflichten anzeigepflichtig, die wiederum die Anzeige durch ihre zuständigen Organe vornehmen lässt. Ebenso ist ein nicht wirtschaftlicher Verein nach Eintragung in das Vereinsregister – vgl. § 21 BGB – rechtsfähig und es ist eine Anzeige für den eingetragenen Verein ausreichend.[48]

➢ Zuständige Behörde 42

Die sachliche Zuständigkeit für die Entgegennahme der Gewerbeanzeige wird nach § 155 Abs. 2 GewO durch Landesrecht bestimmt, in Niedersachsen durch die ZuStVO-Wirtschaft. Hier ist nach § 1 Abs. 1 i. V. m. Anlage Nr. 1.1 die Stelle **G**, also die Gemeinde sachlich zuständig.

Örtlich bestimmt sich die Zuständigkeit nach § 1 Abs. 1 NVwVfG i. V. m. § 3 Abs. 1 Nr. 2 VwVfG auf den Bezirk, in dem der anzeigepflichtige Vorgang stattfindet. 43

42 Vgl. Marcks in Landmann/Rohmer, § 14, Rn. 54.
43 Vgl. Winkler in Ennuschat, § 14, Rn. 18.
44 Vgl. Marcks in Landmann/Rohmer, § 14, Rn. 55.
45 Vgl. BGHZ 146, 341 (343).
46 Leisner in BeckOK GewO, Rn. 69.
47 Vgl. Schönleiter/Stenger/Zerbe, GewArch 2008, 242 (244).
48 Vgl. Leisner in BeckOK GewO, § 14, Rn. 74.

44 ➢ Anzeigepflichte Vorgänge

Der erste anzeigepflichtige Vorgang ist nach § 14 Abs. 1 S. 1 GewO das „Anfangen" eines Betriebes, einer Zweigniederlassung oder einer unselbstständigen Zweigstelle. Gemeint ist damit die Neuerrichtung eines solchen Betriebes, wobei darauf zu achten ist, dass die Tätigkeit auch wirklich ausgeübt wird oder bei Eingängen von Aufträgen ausgeübt werden soll.[49] Vorbereitungshandlungen sind differenziert zu betrachten. Auch die Wiedereröffnung eines Betriebes nach vorangegangener Abmeldung gilt als Beginn, ebenso der Teilhaberwechsel in Form eines neuen Eigentümers wie bei Verpachtung, Erbfolge und Verkauf. Bei bereits tätigen Personengesellschaften ist der Eintritt eines neuen Gesellschafters ebenfalls anzeigepflichtig, da mit Vertragsschluss ein „Anfang" i. S. d. § 14 Abs. 1 S. 1 GewO vorliegt. Auch ein Rechtsformwechsel kann u. U. anzeigepflichtig sein.[50]

45 Sofern der Betrieb verlegt wird, ist dies nach § 14 Abs. 1 S. 2 Nr. 1 GewO anzeigepflichtig. Da die räumliche Komponente nach dem Gesetz jedoch offen bleibt, stellt die h. M. auf einer Verlagerung des Betriebes innerhalb des örtlichen Zuständigkeitsbereiches der überwachenden Behörde ab. Eine Verlagerung außerhalb des örtlichen Zuständigkeitsbereiches wäre als Abmeldung und erneute Anmeldung zu sehen, da nur auf diese Weise dem Gesetzeszweck entsprochen werden kann, der zuständigen Verwaltungsbehörde einen Überblick über Art, Umfang und Standort in ihrem Bereich vorhandenen Gewerbebetriebe zu sichern.[51]

46 § 14 Abs. 1 S. 2 Nr. 2 GewO verlangt auch bei einem Wechsel des Gewerbegegenstandes und der Ausdehnung des Waren- und Leitungsangebotes eine Anzeige. Für den Wechsel kommen ein Branchenwechsel und ein Wechsel der Handelsstufe infrage. Für Ersteres ist entscheidend, dass das bisherige Angebot nicht mehr fortgeführt wird und durch ein neues, nicht geschäftsübliches ersetzt wird. So ist beispielsweise der Wechsel eines Buchladens in einen Blumenladen anzeigepflichtig, der Wechsel einer Buchhandlung mit dem Spezialgebiet Politik zum Spezialgebiet Esoterik nicht. Der Übergang vom Großhandel zum Einzelhandel wäre ein Beispiel für den Wechsel der Handelsstufe.[52] Die Angebotsausdehnung auf nicht geschäftsübliche Waren und Leistungen muss auf die Branchen- und Ortsüblichkeit im Zusammenhang mit dem bisherigen Angebot betrachtet und bewertet werden.[53]

47 Die Aufgabe des Betriebes muss nach § 14 Abs. 1 S. 2 Nr. 3 GewO angezeigt werden. Hierbei ist entscheidend, dass der Betrieb vollständig und endgültig aufgrund entsprechender Willensentscheidung des Gewerbetreibenden oder einer vollziehbaren behördlichen Gewerbeuntersagung aufgegeben wird. Eine nur vorübergehende Schließung, z. B. eines Eiscafés in Wintermonaten, ist davon nicht betroffen, da der Wille und die Realisierbarkeit der Wiederaufnahme des Saisonbetriebes vorhanden ist.[54] Vergessen darf man im

[49] Vgl. OLG Koblenz Beschl. vom 08.08.1980 – 2 Ss 396/80, GewArch 1981, 14 (14).
[50] Vgl. zum Ganzen Troidl in Aktuelles Gewerberecht, § 14, Rn. 42; http://www.walhalla-online.de (Zugriff 26.03.2020).
[51] Vgl. Winkler in Ennuschat, § 14, Rn. 68 ff.
[52] Vgl. Troidl in Aktuelles Gewerberecht, § 14, Rn. 59–64; http://www.walhalla-online.de (Zugriff 26.03.2020).
[53] Vgl. zum Ganzen: Winkler in Ennuschat, § 14, Rn. 70–75.
[54] Vgl. Winkler in Ennuschat, § 14, Rn. 76–81.

Zusammenhang mit der Aufgabe nicht, dass auch im Wege einer Untersagungsverfügung eine Aufgabe erzwungen wird, sodass auch bei Kenntnis der Behörde davon eine Anzeige erfolgen muss.[55]

➢ Konsequenz der Anzeige: Empfangsbescheinigung 48

Nach § 15 Abs. 1 GewO bescheinigt die Behörde innerhalb dreier Tage den Empfang der Anzeige. Diese Bestätigung, die ausgelegt nach dem Gesetzeswortlaut „bescheinigen" schriftlich zu erfolgen hat, wird überwiegend auch als *Gewerbeschein* bezeichnet.[56] Die Qualität der Empfangsbescheinigung besteht in einer reinen Beweisfunktion, dass man der Anzeigepflicht nachgekommen ist.[57] Darüber hinaus hat sie keinen eigenständigen Regelungsinhalt, sodass sie nach h. M. keinen Verwaltungsakt darstellt; ebenso ist sie weder eine Erlaubnis oder Unbedenklichkeitsbescheinigung und ersetzt auch nicht eine nach anderen Vorschriften bestehende Erlaubnis eines „erlaubnispflichtigen Gewerbes".[58]

Seitens des Bürgers besteht ein Anspruch auf den von Amts wegen zu erteilenden Gewerbeschein. Dieses subjektive öffentliche Recht kann er bei Weigerung der Behörde mithilfe einer allgemeinen Leistungsklage durchsetzen.[59] 49

➢ Konsequenz der Nicht-Anzeige 50

Erfüllt der Gewerbetreibende seine Anzeigepflicht nicht, so kann das sowohl ordnungsbehördliche als auch Maßnahmen der Verwaltungsvollstreckung zur Folge haben. Die Ordnungswidrigkeit ergibt sich dabei aus § 146 Abs. 2 Nr. 2 b, c, Nr. 3 GewO. Die Aufforderung einer Behörde, eine Anzeige vorzunehmen, wird nach h. M. als Verwaltungsakt qualifiziert und kann daher auch mit Mitteln der Verwaltungsvollstreckung und z. B. einem Zwangsgeld durchgesetzt werden.[60] Ein Handeln von Amts wegen als Ersatzvornahme zur höchstpersönlichen Verpflichtung der Anzeige ist lediglich als Abmeldung unter den Voraussetzungen des § 14 Abs. 1 S. 3 GewO möglich. Auch diese Abmeldung von Amts wegen wird als belastender Verwaltungsakt eingeordnet und kann daher mit dem statthaften Rechtsbehelf[61] angefochten werden.[62]

---

55 Vgl. Winkler in Ennuschat, § 14, Rn. 76–81.

56 Vgl. Winkler in Ennuschat, § 15, Rn. 1, 6; teilw. kritisch zur Terminologie: Marcks in MaBV, GewO, § 15, Rn. 1.

57 Vgl. BVerwGE 38, 160 (161).

58 Vgl. Winkler in Ennuschat, § 14, Rn. 1.

59 Vgl. VGH München, Urteil vom 06.12.2006 – 22 BV 06.1989, NVwZ-RR 2007, 388 (388); Korte in Schmidt/Wollenschläger, § 9, Rn. 123.

60 Vgl. Ruthig/Storr, Rn. 276; Grundsätzlich zum Verwaltungszwang: Drape/Globisch/Trips/Weidemann, Kommunales Gefahrenabwehrrecht in Niedersachsen, Band 12, Schriftenreihe der Kommunalen Hochschule für Verwaltung in Niedersachsen.

61 In Nds. aufgrund von §§ 68 Abs. 1 S. 1 u. 2, 42 VwGO, 80 Abs. 1 u. Abs. 2 NJG die Anfechtungsklage.

62 Vgl. zum Ganzen, Troidl in Aktuelles Gewerberecht, § 14, Rn. 184, 190, 194; http://www.walhalla-online.de (Zugriff 26.03.2020).

3.2 GEWERBEUNTERSAGUNG WEGEN UNZUVERLÄSSIGKEIT – § 35 GEWO

51 Der § 35 GewO wird als Gegengewicht zur Gewerbefreiheit (vgl. § 1 GewO) gesehen. Einschränkungen bzw. die Möglichkeit der Untersagung sind nach § 35 GewO in unterschiedlichem Umfang möglich, sofern Gefahren für die Öffentlichkeit, für Lieferanten, Kunden sowie Arbeitnehmer bestehen und diese zu schützen sind.[63]

3.2.1 ANWENDBARKEIT DES § 35. ABS. 1 GewO

52 Die Anwendbarkeit des § 35 Abs. 1 GewO wird allerdings begrenzt: zum einen durch die systematische Stellung in Titel II auf das stehende Gewerbe, zum anderen durch § 35 Abs. 8 GewO, indem speziellere Regelungen Vorrang haben. Dazu schreibt Absatz 8, dass besondere Untersagungs- oder Betriebsschließungsvorschriften, die auf die Unzuverlässigkeit des Gewerbetreibenden abstellen, vorgehen oder eine für das Gewerbe erteilte Zulassung wegen Unzuverlässigkeit des Gewerbetreibenden zurückgenommen oder widerrufen werden kann und die Absätze 1 bis 7a somit nicht anzuwenden sind. Die Konsequenz hieraus ist, dass § 35 GewO in erster Linie (sofern also keine bes. Untersagungs- oder Betriebsschließungsvorschriften bestehen, die auf Unzuverlässigkeit beruhen) für erlaubnisfreie Gewerbetätigkeiten anwendbar ist.

53 Erlaubnispflichtige Gewerbe betreffend ist zu differenzieren, ob eine Erlaubnis schon erteilt wurde oder nicht. Steht also eine bereits erteilte Erlaubnis im Raum, dann muss bei Unzuverlässigkeit vorrangig eine Aufhebung in Form einer Rücknahme oder eines Widerrufs erfolgen. Ein „erlaubtes" Gewerbe in Form einer bereits erteilten Zulassung kann demnach nicht in den Anwendungsbereich des § 35 GewO fallen. Auch nicht, sollte der Gewerbetreibende nach der Aufhebung unbefugt weiter sein Gewerbe betreiben.[64] Anders jedoch, sofern die Erlaubnis noch nicht erteilt wurde. Da hier nichts im Raume steht, das zurückgenommen oder widerrufen werden kann, ist eine Anwendung von § 35 GewO bei Unzuverlässigkeit möglich.[65]

54 Vielfach stellt sich die Frage, inwieweit bei erlaubnispflichtigen Gewerben eine Anwendung von § 15 Abs. 2 S. 1 GewO und/oder § 35 Abs. 1 GewO infrage kommt. Im Falle, dass eine Erlaubnis noch nicht erteilt wurde, könnte sowohl § 15 Abs. 2 S. 1 GewO als auch § 35 Abs. 1 GewO einschlägig sein. Da in diesem Fall das Gewerbe ohne erforderliche Zulassung betrieben wird, lägen die Tatbestandmerkmale des § 15 Abs. 2 S. 1 GewO vor. Die Untersagung nach § 15 Abs. 2 S. 1 GewO knüpft jedoch nicht an die Unzuverlässigkeit an, sondern lediglich an die fehlende Erlaubnis, sodass § 15 Abs. 2 S. 1 GewO auch keinen Vorrang vor § 35 Abs. 1 GewO hat. Letztlich ist entscheidend, worauf sich die Untersagung

[63] Vgl. Heß, GewArch 2009, 89 (90).
[64] Vgl. Heß in Friauf, § 35, Rn. 63, Ennuschat in Ennuschat, § 35, Rn. 256.
[65] Vgl. Heß in Friauf, § 35, Rn. 62.

stützt und mit welcher Konsequenz sie erfolgen soll.[66] Dies ist im Klausurfall also genau zu differenzieren, um die einschlägige Rechtsgrundlage zu finden. Bei erteilter Erlaubnis eines erlaubnispflichtigen Gewerbes ist wie o. a. zuerst eine Aufhebung der Erlaubnis erforderlich. Sollte der Gewerbetreibende dennoch ohne die erforderliche Erlaubnis sein Gewerbe weiterbetreiben, würde im zweiten Schritt eine Fortsetzung des Gewerbes nach § 15 Abs. 2 S. 1 GewO erfolgen können.

55

erlaubnisfreie Gewerbe	erlaubnispflichtige Gewerbe		
(sofern keine besondere Untersagungs- oder Betriebsschließungsvorschrift als lex specialis, die auf Unzuverlässigkeit abstellt, vorhanden ist)	Erlaubnis erteilt	Erlaubnis nicht erteilt	
§ 35 GewO	Rücknahme Widerruf	§ 35 GewO	§ 15 Abs. 2 S. 1 GewO
Grund: Unzuverlässigkeit			Grund: Erlaubnis fehlt
Konsequenz: • Gewerbeausübung als solche wird verhindert • Umfang: Entweder auf die Gewerbe der Branche, weiterer Branchen oder aller Gewerbe • Wiedergestattung: § 35 Abs. 6 GewO grds. auf Antrag und nach einem Jahr möglich			Konsequenz: Fortsetzung (nur) des konkreten Betriebes wird verhindert. Wiedergestattung, sobald die entsprechende Erlaubnis vorliegt!

Beispiele: 56

- A betreibt ein Spielzeuggeschäft (erlaubnisfreies Gewerbe). Er ist unzuverlässig. Eine Gewerbeuntersagung ist nach § 35 Abs. 1 GewO uneingeschränkt möglich, da keine Spezialgesetze vorhanden sind.
- B betreibt ein Bewachungsgewerbe nach § 34a GewO (erlaubnispflichtiges Gewerbe). Die Erlaubnis ist ihm vor drei Jahren rechtmäßig erteilt worden. Allerdings ist er vor zwei Jahren mehrmals wegen Diebstahls rechtskräftig verurteilt worden. Die Behörde erfährt erst jetzt davon und möchte ihm wegen Unzuverlässigkeit die Ausübung des Gewerbes untersagen. Dies muss im Rahmen eines Widerrufs erfolgen. Der § 35 Abs. 8 bestimmt, dass § 35 Abs. 1–7a GewO nicht anwendbar ist, da Rücknahme und Widerruf „vorgehen" und damit erst einmal die Zulassung „aus dem Weg geräumt" werden muss.
- C betreibt ein Bewachungsgewerbe nach § 34a GewO ohne Erlaubnis. Er hat es einfach noch nicht geschafft, eine Erlaubnis einzuholen. Die Behörde möchte trotzdem sofort die Ausübung des Gewerbes untersagen. Das kann sie in diesem Fall nur nach § 15 Abs. 2 S. 1 GewO tun, da C das Gewerbe (nur) ohne die erforderliche Zulassung betreibt. Weitere Gründe (Unzuverlässigkeit) stehen nicht im Raum. Die Fortsetzung des konkreten Gewerbes ist damit zu untersagen. Sobald C die Erlaubnis eingeholt hat, darf er wieder tätig werden. Siehe die Besonderheiten zur lediglich formellen Illegalität im Kapitel 4.5.

[66] Vgl. Külpmann, S. 72.

- D betreibt seit drei Jahren von der Behörde unbemerkt ein Bewachungsgewerbe nach § 34a GewO ohne Erlaubnis. Er hat es bislang nicht für nötig gehalten, sich um eine Erlaubnis zu kümmern, da er immer wieder mit dem Gesetz im Konflikt stand und „keine Zeit hatte". Er wurde innerhalb der letzten zwei Jahre dreimal wegen Diebstahls rechtkräftig verurteilt. Die Behörde möchte, dass augenblicklich die Tätigkeit eingestellt wird. Dafür hat sie nun grundsätzlich die Möglichkeit eine Gewerbeuntersagung nach § 35 Abs. 1 S. 1 GewO oder nach § 15 Abs. 2 S. 1 GewO zu verfügen. Hier ist der Grund für eine Verfügung „mehr" als eine nicht vorhandene Erlaubnis. Er ist auch unzuverlässig. Allerdings ist hier auf § 34a Abs. 1 S. 3, Nr. 1, 4 Nr. 4b GewO zu achten, dass eine Erlaubnis zu versagen ist, sofern seit Verurteilung zum Diebstahl noch nicht fünf Jahre vergangen sind. Erst dann könnte D die Erlaubnis erteilt werden. Bei einer Verfügung nach § 15 Abs. 2 S. 1 GewO könnte er dann wieder tätig sein. Bei einer Untersagungsverfügung nach § 35 Abs. 1 GewO hingegen kann er erst wieder tätig werden, nachdem er einen Antrag auf Wiedergestattung gestellt hat (vgl. § 35 Abs. 6 GewO).

3.2.2 FORMELLE VORAUSSETZUNGEN

3.2.2.1 Zuständigkeit

57 Für die sachliche Zuständigkeit bestimmt § 155 Abs. 2 S. 1 GewO, dass u. a. die Landesregierungen ermächtigt werden, Rechtsverordnungen zur Zuständigkeit zu erlassen. Das Land Niedersachsen hat in Form der ZustVO-Wirtschaft davon Gebrauch gemacht.[67] Nach § 1 Abs. 1 S. 1 ZustVO-Wirtschaft wird auf die Anlage verwiesen, die wiederum die zuständige Behörde aufgeschlüsselt nach Paragraphen nennt. Der § 35 GewO unterfällt der laufenden Nr. 1 der Anlage, sodass entweder der Landkreis, die kreisfreie Stadt, die große selbstständige Stadt oder die selbstständige Gemeinde sachlich zuständig ist.

58 Örtlich bestimmt sich die Zuständigkeit nach § 35 Abs. 7 GewO. Die Grundregel bestimmt nach § 35 Abs. 7 S. 1 Var. 1 GewO, dass die Behörde, in deren Bezirk der Gewerbetreibende eine gewerbliche Niederlassung unterhält, örtlich zuständig ist.

59 Beispiele:

G betreibt ein Spielzeuggeschäft in Georgsmarienhütte. Georgsmarienhütte liegt im Landkreis Osnabrück und hat ca. 31.500 Einwohner. Für eine Untersagungsverfügung nach § 35 Abs. 1 GewO ist hier die Stadt Georgsmarienhütte zuständig, da sie nach § 14 Abs. 3 S. 1 NKomVG die Rechtsstellung einer selbstständigen Gemeinde hat.

60 O betreibt ein Spielzeuggeschäft in Ostercappeln. Ostercappeln hat ca. 9.500 Einwohner und liegt ebenfalls im Landkreis Osnabrück. Hier ist für die Untersagungsverfügung der Landkreis Osnabrück zuständig, da Ostercappeln lediglich den Status einer Gemeinde hat und diese nach § 14 Abs. 1 S. 1 NKomVG einem Landkreis angehört.

[67] Vgl. Nds. GVBl. 2004, 482.

3.2.2.2 Verfahren

Da eine Untersagungsverfügung in die Rechte eines Gewerbetreibenden eingreift, weil ihm ein Unterlassen seiner Tätigkeit auferlegt wird und dadurch sein Rechtskreis geschmälert wird, ist dieser i. d. R. nach § 28 Abs. 1 VwVfG anzuhören.[68] 61

Zusätzlich ist die besondere Verfahrensvorschrift des § 35 Abs. 4 GewO zu beachten. Danach sollen, soweit besondere staatliche Aufsichtsbehörden bestehen, die Aufsichtsbehörden, ferner die zuständige Industrie- und Handelskammer oder Handwerkskammer angehört werden. Anhörung bedeutet in diesem Zusammenhang die Möglichkeit der Stellungnahme vor der Untersagung, wobei die zuständige Behörde sich nicht nach dem Ergebnis der Stellungnahme richten muss.[69] Als Sollvorschrift ist der Behörde ein begrenztes Ermessen eingeräumt, d. h., sie kann nur in einem atypischen Fall von der im Gesetz genannten Pflicht abweichen. Dieser Ausnahmefall ist § 35 Abs. 4 S. 2 GewO bei Gefahr in Verzug. In diesem Fall sind die Stellen lediglich zu unterrichten. Unterbleibt die Anhörung, kann diese allerdings nach allgemeinen Vorschriften des § 45 Abs. 1 Nr. 5 VwVfG nachgeholt und der Fehler geheilt werden. 62

3.2.2.3 Form

Je nach Aufgabenstellung ist bei einer Untersagungsverfügung nach § 35 GewO auch die Form zu prüfen. Handelt es sich um eine Erstentscheidung, dann erfolgen sämtliche Hinweise zur weiteren Form im sog. Entscheidungsvorschlag. Ist allerdings eine Rechtmäßigkeitsprüfung einer bereits erfolgten Untersagungsverfügung durchzuführen, dann müssen selbstverständlich Überlegungen zur Form nach § 37 VwVfG, Begründung des Verwaltungsaktes nach § 39 VwVfG sowie zu Wirksamkeit und Bekanntgabe nach §§ 41, 43 VwVfG angestellt werden. 63

3.2.3 MATERIELLE PRÜFUNGSPUNKTE

3.2.3.1 § 35 Abs. 1 S. 1 GewO

3.2.3.1.1 Betreiben/Ausüben eines Gewerbes

Eine Gewerbeuntersagung kann nur erfolgen, sofern das zu untersagende Gewerbe zum Untersagungszeitpunkt auch tatsächlich ausgeübt wird.[70] Gibt der Gewerbetreibende vor Einleitung des Untersagungsverfahrens aus eigenen Stücken seine Tätigkeit auf, so ist eine Untersagung nicht mehr zulässig – im Gegensatz dazu ist aber eine freiwillige Aufgabe nach Einleitung des Verfahrens nicht schädlich, da nach § 35 Abs. 1 S. 3 GewO das Verfahren fortgesetzt werden kann. Bezüglich des Gewerbebegriffs als Tatbestandsmerkmal wird nach oben verwiesen.[71] 64

---

[68] Zur Anhörung siehe Suckow/Weidemann, Rn. 142 ff.

[69] Vgl. Ennuschat in Ennuschat, § 35, Rn. 224.

[70] Vgl. Brüning in BeckOK GewO, § 35, Rn. 14.

[71] Siehe Kapitel 2.

3.2.3.1.2 Unzuverlässigkeit

65 Einer der zentralsten Begriffe innerhalb der Gewerbeordnung ist sicherlich die „Unzuverlässigkeit“. Dieser nicht von der GewO legaldefinierte Begriff ist ein unbestimmter Rechtsbegriff ohne Beurteilungsspielraum[72], der gerichtlich voll überprüfbar ist[73]. Im stehenden Gewerbe spielt er im Tatbestand des § 35 Abs. 1 GewO eine entscheidende Rolle, denn § 35 Abs. 1 S. 1 GewO bestimmt, dass die Unzuverlässigkeit des Gewerbetreibenden oder einer mit der Leitung des Gewerbebetriebes beauftragten Person in Bezug auf dieses Gewerbe entscheidend ist. **Nach der Rechtsprechung ist unzuverlässig, wer nach dem Gesamteindruck seines Verhaltens keine Gewähr dafür bietet, dass er sein Gewerbe in Zukunft ordnungsgemäß ausübt, d. h. entsprechend der gesetzlichen Vorschriften und unter Beachtung der guten Sitten.**[74] Dieser Satz verdeutlicht, dass es in erster Linie auf die Verantwortlichkeit des Gewerbetreibenden ankommt, in Ausnahmefällen kann dem zuverlässigen Gewerbetreibenden allerdings auch die Unzuverlässigkeit Dritter zugerechnet werden, wie § 35 Abs. 1 S. 1 GewO bestimmt, indem auf „mit der Leitung des Gewerbebetriebes beauftragten Person“ hingewiesen wird. Davon umfasst ist der vom Gewerbetreibenden beauftragte Betriebsleiter und auch – ohne explizite Erwähnung im Gesetz – der vertraglich bestellte Stellvertreter des Gewerbetreibenden nach § 45 GewO.[75] Unproblematisch kann die Unzuverlässigkeit bei Gewerbetreibenden als natürliche Person zugeordnet werden, schwieriger wird es bei Personengesellschaften ohne eigene Rechtspersönlichkeit oder bei juristischen Personen. Bei Personengesellschaften ist auf die Unzuverlässigkeit der geschäftsführenden Gesellschafter abzustellen, nicht auf die Gesellschaft an sich. Bei juristischen Personen kommt es darauf an, ob die Gesellschaft an sich als Gewerbetreibende die Unzuverlässigkeitsgründe verwirklicht oder ein Handeln von natürlichen Personen in Form von gesetzlichen vertretungsberechtigten Personen entscheidend ist.[76]

66 Die Zuverlässigkeit stützt sich dabei auf eine tatsachengestützte Prognoseentscheidung, indem danach gefragt wird, ob das Gesamtbild des Verhaltens des Gewerbetreibenden künftig rechtsordnungsgemäß sein wird. Diese Zukunftsprognose basiert also auf einer im konkreten Einzelfall zu betrachtenden Wahrscheinlichkeit des normkonformen Verhaltens[77], wobei die Tatsachen einen Bezug zum ausgeübten Gewerbe aufweisen müssen und nicht absolut zu beurteilen sind[78]. Was den Prognosemaßstab angeht, so reichen bloße Zweifel nicht aus, auch nicht die schlichte Möglichkeit eines Fehlverhaltens; andererseits ist eine feste Gewissheit auch nicht notwendig. Entscheidend ist die Wahrscheinlichkeit i. S. einer abstrakten Gefahr, sodass eine typischerweise nach allgemeiner Lebenserfahrung zu bejahende Gefährdungslage entscheidend ist.[79] Auf ein Verschulden des Gewerbetreibenden kommt es ebenfalls nicht an.[80]

---

[72] Vgl. Wormit, JuS 2017, 641 (644).

[73] Vgl. Marcks in Landmann/Rohmer, § 35, Rn. 29b.

[74] Vgl. BVerwG Urteil vom 15.04.2015 – 8 C6/14, NVwZ 2015, 1544 (1545).

[75] Vgl. Brüning in GewO, § 35, Rn. 29.

[76] Vgl. zum Ganzen Ennuschat in Ennuschat, § 35, Rn. 89 ff.; Brüning in GewO, § 35, Rn. 26 ff.

[77] Vgl. Rixen, GewArch 2020, 121 (126).

[78] Vgl. BVerwG GewArch 1961, 166 (166), Brüning in BeckOK GewO, § 35, Rn. 22.

[79] Vgl. zum Ganzen Troidl in Aktuelles Gewerberecht, § 35, Rn. 70; http://www.walhalla-online.de (Zugriff 26.03.2020).

[80] Vgl. BVerwGE 65, 1 (4), OVG Lüneburg, Beschluss vom 31.07.2008 – 7 LA 53/08, GewArch 2009, 32 (33).

Beispiel: 67

S betreibt ein Spielzeuggeschäft und hat eine tolle Erbschaft gemacht, sodass 2.300 € Erbschaftssteuer fällig sind. S zahlt nicht und wird daraufhin mehrfach gemahnt. Hier stehen zwar Steuerschulden im Raum, diese sind aber in Form einer privaten Steuer nicht gewerbebezogen. Auch eine einmalige Nichtzahlung lässt nicht den Schluss zu, dass dieses Verhalten in Zukunft Auswirkung auf sein Gewerbe haben könnte. Einen Hang zur Missachtung der Rechtsordnung kann man daraus nicht konstruieren.

Unzuverlässigkeit: 68
Unzuverlässig ist, wer nach dem Gesamteindruck seines Verhaltens keine Gewähr dafür bietet, dass er sein Gewerbe in Zukunft ordnungsgemäß, d. h. entsprechend der gesetzlichen Vorschriften und unter Beachtung der guten Sitten, ausüben wird.

⇨ *tatsachengestützte Zukunftsprognose*
⇨ *Gewerbebezug*

Die Behörde trägt die materielle Beweisleist für die Unzuverlässigkeit. 69

Durch umfängliche Rechtsprechung haben sich in der Vergangenheit exemplarische Fallgruppen entwickelt, die zwar nicht trennscharf abzugrenzen sind, aber dem Begriff der Unzuverlässigkeit einen gewissen Rahmen geben sollen. 70

➢ Straftaten 71

Sowohl ein einmaliger gravierender Verstoß gegen Strafgesetze als auch eine Mehrzahl kleinerer Delikte – aus denen man den Hang zur Missachtung geltender Vorschriften konstruieren kann[81], kann die Unzuverlässigkeit begründen.[82] Stets ist die Würdigung der Umstände des Einzelfalles entscheidend, ob die dem Urteil zugrunde liegende strafrechtliche Handlung (auch) eine Unzuverlässigkeit für das ausgeübte Gewerbe bedeuten kann.[83] Dieser Gewerbebezug wird i. d. R. bei Eigentums- und Vermögensdelikten generell anerkannt, bei Straßenverkehrsdelikten nur bei korrespondierenden Gewerben.

Ein Verwertungsverbot der Tat und der Verurteilung liegt nach §§ 51, 52 BZRG erst vor, sofern die Eintragung im Bundeszentralregister getilgt worden ist. Entsprechende Vorschriften zur Tilgung finden sich in §§ 45 ff. BZRG. Auch wenn man meinen könnte, dass eine Tat vor der Tilgung nach und nach an Gewicht verliert und es mit voranschreitender Zeit immer schwieriger wird, damit eine gewerberechtliche Unzuverlässigkeit zu begründen, kann man dies nicht pauschal sagen.[84] Immer wieder wird an die Bewertung der Umstände des Einzelfalles appelliert, wobei das Gesetz vereinzelt auch konkrete Angaben 72

[81] Vgl. VGH BW Beschl. vom 20.07.1989 – 14 S 1564/89, GewArch 1990, 253 (254).
[82] Vgl. VG Stuttgart, Urteil vom 22.10.1999 – 4 K 6116/98, GewArch 2000, 25 (26).
[83] Vgl. Ennuschat in Ennuschat, § 35, Rn. 37.
[84] Vgl. OVG Lüneburg, Beschl. vom 29.01.2008 – 7 PA 190/07, NVwZ-RR 2008, 464 (464).

macht, wie lange eine bestimmte Tat noch beachtbar ist, wie z. B. §§ 34b Abs. 4 Nr. 1, 34c Abs. 2 Nr. 1 GewO.

73 ➢ Ordnungswidrigkeiten

Ordnungswidrigkeiten werden grundsätzlich nicht anders als Straftaten beurteilt. Allerdings sind geringfügige Ordnungswidrigkeit nach § 56 Abs. 1 OWiG – auch bei mehrfacher Begehung – nicht zu berücksichtigen.

74 Die Gewerbeordnung selbst besitzt in §§ 144 ff. GewO eigene Straf- und Bußgeldvorschriften, die u. U. Eingang in das Gewerbezentralregister finden können (vgl. §§ 149 ff. GewO). Die hier einschlägige Tilgungsvorschrift und damit einhergehendes Verwertungsverbot ist § 153 GewO.

75 ➢ Steuerrückstände

Nicht unerhebliche Steuerrückstände, auch auf Schätzungen beruhend, können ebenfalls zur Unzuverlässigkeit eines Gewerbetreibenden führen.[85] Dabei sind fällige, gewerbebezogene Steuern, die der Gewerbetreibende treuhänderisch für den Staat vereinnahmt, wie z. B. Umsatzsteuer, Lohnsteuer, von besonderem Gewicht. Aber auch persönliche Steuern, wie z. B. Kfz-Steuer, Einkommenssteuer, können eine Unzuverlässigkeit nach sich ziehen, sofern daraus geschlussfolgert werden kann, dass auch die gewerbebezogenen Steuern zukünftig nicht entrichtet werden.[86] Die h. M. geht davon aus, dass keine feste Höhe der Steuerschuld vorliegen muss, um eine Unzuverlässigkeit zu begründen,[87] allerdings wird gelegentlich auf 5.000 € als grober Richtwert verwiesen.[88] Anhaltspunkte für eine Berücksichtigung können vielmehr die Zeitdauer der Nichtabführung, eine beträchtliche absolute Höhe, die Höhe im Verhältnis zur Gesamtbelastung oder die Relation zum Umsatz sein. Auch wiederholte Verstöße gegen die Steuererklärungspflicht können entscheidend sein.[89]

76 Die Behörde muss die vorliegende Situation bezogen auf den Einzelfall bewerten und entscheiden, ob sie eine gewerberechtliche Unzuverlässigkeit begründen kann. Dabei sind die Finanzämter u. U. befugt, untersagungsrelevante Informationen an Gewerbebehörden weiterzugeben, denn das Steuergeheimnis kann durch § 30 Abs. 4 Nr. 5 AO eine Durchbrechung erleben.[90] Auf der anderen Seite kann allerdings auch ein tragbares Sanierungskonzept und die Begleichung der Steuerrückstände positiv dafür sorgen, die Unzuverlässigkeit auszuräumen.[91]

---

85 Vgl. BVerwG Beschl. vom 23.09.1991 – 1 B 96.91, GewArch 1992, 22 (22).

86 Vgl. BVerwG Urteil vom 02.02.1982 1 C 52.78, GewArch 1982, 223 (234).

87 Vgl. BVerwG, Beschl. vom 09.04.1997 - 1 B 81.97, BeckRS 1997, 31222266; Ennuschat in Ennuschat, § 35, Rn. 54a.

88 Vgl. Heß in Friauf, § 35, Rn. 197.

89 Vgl. BVerwG Urteil vom 02.02.1982 1 C 52.78, GewArch 1982, 223 (234).

90 Vgl. Rüsken in Klein, § 30, Rn. 193, 194.

91 Vgl. Ennuschat in Ennuschat, § 35, Rn. 58.

➢ Verstöße gegen sozialversicherungsrechtliche Pflichten 77

Sozialversicherungsrechtliche Pflichten, wie z. B. die Abführung von Beiträgen an die Sozialversicherungsträger, hat der Gewerbetreibende ordnungsgemäß zu erfüllen. Kommt er diesen nicht nach, kann dies zur Annahme der Unzuverlässigkeit führen.[92] Auch hier ist die Unzuverlässigkeit an keine feste Grenze gebunden[93], obwohl vielfach eine Höhe von 2.500 € als Mindesthöhe angegeben wird[94]. Ausschlaggebender als die Höhe ist der Umstand, ob es sich um Arbeitgeber- oder Arbeitnehmeranteile handelt, die der Gewerbetreibende nicht abführt. Da es sich bei den Arbeitnehmeranteilen (z. B. der Kranken- und Rentenversicherung) um treuhänderisch einbehaltene Anteile handelt, ist deren Nichtabführung beachtlicher als die entsprechenden einbehaltenen Arbeitgeberanteile. Dort wird dann wiederum eine gewisse Hartnäckigkeit gefordert.

➢ Mangelnde wirtschaftliche Leistungsfähigkeit 78

Im Falle einer ausweglosen wirtschaftlichen Krise spricht man von wirtschaftlicher Leistungsunfähigkeit. Vereinzelt fordert das Gesetz auch bestimmte Vorgaben dafür, wie z. B. § 34 Abs. 1 Nr. 2 GewO von „Nichtnachweisen der für den Gewerbebetrieb erforderlichen Mittel" oder § 34a Abs. 1 Nr. 2 GewO von „Leben in ungeordneten Vermögensverhältnisse" spricht. In Anbetracht des konkreten Einzelfalls muss besonders bewertet werden, ob es sich um ein sog. Vertrauensgewerbe handelt, bei dem ggf. der Kunde in Vorleistung tritt oder besonderes persönliches Vertrauen zum Kunden wie z. B. bei einem Makler, Versicherungsvermittler oder Antiquitätenhändler besteht. Hier ist wirtschaftliche Leistungsfähigkeit ein überaus wichtiger Faktor.

Durch ein offengelegtes, wirtschaftlich sinnvolles Sanierungskonzept kann die wirtschaftliche Leistungsunfähigkeit im Übrigen abgewendet werden.[95] 79

➢ Mangelnde Sachkunde 80

Kann z. B. ein Schwimmlehrer nicht schwimmen, so spricht man von mangelnder Sachkunde. Entscheidend ist allerdings, dass mangelnde Sachkunde nur von Belang im Rahmen der Unzuverlässigkeit sein kann, wenn elementare Kenntnisse zur Ausübung eines bestimmten Gewerbes fehlen, sodass besondere Gefahren für die Allgemeinheit entstehen können.[96] Ist gesetzlich eine bestimmte Sachkunde vorgeschrieben, wie z. B. in § 34f Abs. 2 Nr. 4 GewO für Finanzanlagenvermittler, so ist auch deren Nichtvorliegen ein Unzuverlässigkeitsgrund nach dieser Fallgruppe.

---

92 Vgl. BVerwGE 65, 1 (2).
93 Vgl. Ennuschat in Ennuschat, § 35, Rn. 61.
94 Vgl. Heß in Friauf, § 35, Rn. 224.
95 Vergl. BVerwG, Beschl. vom 11.11. 1996 – 1 B 226.96 GewArch 1997, 68.
96 Vgl. Ennuschat in Ennuschat, § 35, Rn. 74.

81 ➢ Verletzung zivilrechtlicher Pflichten

Zivilrechtliche Pflichten, also Pflichten im Rahmen von Rechtsbeziehungen zwischen Bürgern, wie z. B. Pflichten innerhalb eines Kauf- oder Mietvertrages, können bei Nichteinhaltung nur bedingt zur Unzuverlässigkeit führen. Da der Schutzzweck des § 35 GewO dem Allgemeinwohl dient, sind zivilrechtliche Pflichten nur von Bedeutung, sofern sie gleichzeitig Straf- oder Ordnungswidrigkeiten darstellen oder durch ständige Nichtbeachtung als charakterlicher Mangel des Gewerbetreibenden eingestuft werden können.

82 ➢ Verletzung von öffentlich-rechtlichen Pflichten

Öffentlich rechtliche Pflichten dienen in der Regel dem Allgemeinwohl, sodass z. B. Verstöße gegen lebensmittelrechtliche Vorschriften oder Jugendschutzbestimmungen auf das konkrete Gewerbe bezogen zur Unzuverlässigkeit führen können.[97]Auch ein zentraler Begriff aus dem Sicherheits- und Ordnungsrecht, der öffentlichen Ordnung (vgl. § 2 Nr. 1 NPOG), kann bei Betroffenheit zur Unzuverlässigkeit führen.[98]

83 ➢ Sonstige Gründe

Auch individuelle Gründe wie persönliche Mängel in Form von körperlichen Gebrechen oder Trunkenheit oder ein Verstoß gegen die guten Sitten unterhalb der Strafbarkeitsschwelle können bei Gewerbebezug zur Unzuverlässigkeit führen. Einzelfälle wie „Duldung des Rauschgifthandels im eigenen Ladenlokal", „das Einsetzen von gewalttätigen Security-Kräften" oder „der fehlenden Privat- und Intimsphäre von Kunden im Sonnenstudio"[99] geben Aufschluss darüber, wie offen die Gründe für Unzuverlässigkeit sein können, und zeigen die mögliche Überschneidung der exemplarischen Fallgruppen auf.

3.2.3.1.3 Tatsachen

84 Nach dem Gesetz müssen Tatsachen die Unzuverlässigkeit dartun. Die Prognoseentscheidung der Unzuverlässigkeit muss sich auf Tatsachen stützen, d. h. auf Geschehnisse, die dem Beweis zugänglich sind. Beweisen kann man aber nur etwas, was der Vergangenheit oder Gegenwart entstammt, sodass man von bereits realisierten Negativa spricht. Die vorliegenden Tatsachen müssen einen Bezug zum ausgeübten Gewerbe haben, nicht aber innerhalb des Gewerbebetriebes entstanden sein.[100] Die Tatsachen sind somit der beweisbare Grund, dass man daraus die Unzuverlässigkeit des Gewerbetreibenden für die Zukunft für wahrscheinlich hält.

---

[97] Vgl. Ennuschat in Ennuschat, § 35, Rn. 77.
[98] Vgl. Ennuschat in Ennuschat, § 35, Rn. 77.
[99] Vgl. zum Ganzen mit weiteren Nachweisen Ennuschat in Ennuschat, § 35, Rn. 79 ff.
[100] Vgl. Brüninig in BeckOK GewO, § 35, Rn. 22.

3.2.3.1.4 Erforderlichkeit zum Schutz der Allgemeinheit oder der im Betrieb Beschäftigten

Nach § 35 Abs. 1 S. 1 GewO muss die Untersagung zum Schutze der Allgemeinheit oder der im Betrieb Beschäftigten erforderlich sein. Von der Allgemeinheit werden in diesem Kontext überragend wichtige Rechtsgüter wie Leben, Gesundheit, Sittlichkeit, Eigentum, Vermögen wie auch Staatsschutz, Umwelt sowie das Vermögen der öffentlichen Hand umfasst.[101] Die Erforderlichkeit ist hier ein Tatbestandsmerkmal und unbestimmter Rechtsbegriff. Es ist gerichtlich voll überprüfbar.[102] 85

Der Gesetzgeber hat mit dem Begriff der Erforderlichkeit deutlich gemacht, dass eine vollständige Gewerbeuntersagung *ultima ratio* ist. Mildere Mittel wie z. B. Auflagen, Kontrollen, Teiluntersagungen oder Abmahnungen sind insoweit in Betracht zu ziehen und auf ihre Erforderlichkeit – also auf gleiche Effektivität bei weniger Rechtseinschnitt – zu prüfen. Da die Erforderlichkeit Teil des Verhältnismäßigkeitsgrundsatzes ist, ist streitig, ob an dieser Stelle zusätzlich eine Verhältnismäßigkeitsprüfung im engeren Sinn (= Angemessenheit) erforderlich ist. Sofern die Erforderlichkeit konsequent geprüft wurde, sieht die Rechtsprechung grundsätzlich keinen Raum mehr für Abwägungen im Sinne der Angemessenheit als letzter Stufe der Verhältnismäßigkeitsprüfung.[103] Der Schutzzweck des § 35 Abs. 1 S. 1 GewO gehe in aller Regel dem Interesse des Gewerbetreibenden an der Betriebsfortführung vor.[104] Jedoch schließt auch die Rechtsprechung nicht aus, dass es vereinzelt Fälle gibt, die aufgrund des verfassungsrechtlichen Übermaßverbotes unverhältnismäßig sind. Dies veranlasst die Literatur dazu, eine Verhältnismäßigkeitsprüfung i. e. S. zu fordern.[105] Insoweit empfiehlt sich gerade für Prüfungsklausuren, die Problematik nicht außer Acht zu lassen und den Gedanken der Verhältnismäßigkeit i. e. S. aufbautechnisch in das Tatbestandsmerkmal der Erforderlichkeit einzubeziehen.[106] 86

3.2.3.1.5 Rechtsfolge

Bei § 35 Abs. 1 S. 1 GewO ist die Rechtsfolge gebunden („ist"). Der Behörde steht kein Ermessensspielraum zu, sodass die Entscheidung, ob ganz oder teilweise das Gewerbe untersagt wird, eine Rechtsentscheidung ist.[107] 87

Inhaltlich untersagt die Verfügung nach § 35 Abs. 1 S. 1 GewO die weitere selbstständige Ausübung des *konkret ausgeübten Gewerbes.* Dies bedeutet aber nicht, dass das Gewerbe nur in der spezifischen Form, wie es betrieben wird, für die Zukunft untersagt werden dürfte; es ist vielmehr die *Gewerbeart,* der der einzelne Betrieb zuzuordnen ist, *zu untersagen.* 88

---

[101] Vgl. Hess. VGH, Urteil vom 07.10.1975 – II OE 29/75, GewArch 1976, 92 (92).
[102] Vgl. Brüning in GewO, § 35, Rn. 36.
[103] Vgl. Brüning in GewO, § 35, Rn. 38.
[104] Vgl. Brüning in BeckOK, § 35, Rn. 38, BVerwG, Urteil vom 16.03.1982 – 1 C 124.80, GewArch 1982, 303 (304).
[105] Vgl. Ruthig/Storr, § 3, Rn. 296; Ennuschat in Ennuschat, § 35, Rn. 122, 123.
[106] Vgl. so auch: Weidemann/Rotaug/Barthel, S. 34; Argument ex Korte in Schmidt/Wollenschläger, § 9, Rn. 77.
[107] Vergl. BVerwG Urteil vom 24.02.1966 – IC 37/65, GewArch 1966, 202 (204).

89 Beispiel:

A betreibt ein Spielwarengeschäft als Einzelhandel. Gegen ihn wurde eine Untersagungsverfügung nach § 35 Abs. 1 S. 1 GewO verfügt. Damit darf er sein Spielwarengeschäft nicht weiter betreiben. Ein Friseurgeschäft dürfte er allerdings dennoch betreiben, denn es handelt sich um eine andere Branche, die von der Untersagung nach § 35 Abs. 1 S. 1 GewO nicht mit umfasst wird.

90 Eine Untersagung erstreckt sich örtlich auf das gesamte Gebiet der Bundesrepublik. Von vornherein zeitlich befristet ist die Untersagung nicht. Nach § 35 Abs. 6 GewO ist erst auf Antrag des Gewerbetreibenden auf Wiedergestattung von der Behörde zu prüfen, ob Tatsachen die Annahme rechtfertigen, dass eine Unzuverlässigkeit nicht mehr vorliegt. Dies kann i. d. R. nicht vor Ablauf eines Jahres nach Untersagungsverfügung gem. § 35 Abs. 6 S. 2 GewO geschehen.

91 Nach §§ 149 Abs. 2 S. 1 Nr. 1b), 151 GewO ist die Untersagungsverfügung in das Gewerbezentralregister einzutragen. Dieses wird nach § 149 Abs. 1 GewO vom Bundesamt der Justiz geführt. Die verschiedenen Auskunftsansprüche aus dem Register regeln die §§ 150–150c GewO.

3.2.3.2 § 35 Abs. 1 S. 2 GewO

92 § 35 Abs. 1 S. 2 GewO wird häufig als „erweiterte Gewerbeuntersagung“ betitelt. Danach kann die Untersagung auch auf die Tätigkeit als Vertretungsberechtigter eines Gewerbetreibenden oder als mit der Leitung eines Gewerbebetriebes beauftragte Person sowie auf einzelne andere oder auf alle Gewerbe erstreckt werden. Allerdings ist die Untersagung von § 35 Abs. 1 S. 2 GewO streng akzessorisch, d. h., eine Untersagung nach § 35 Abs. 1 S. 2 GewO ist nur möglich, sofern dem Gewerbetreibenden im selben Verfahren zumindest auch die Ausübung des konkreten Gewerbes nach § 35 Abs. 1 S. 1 GewO untersagt wird.[108] Insoweit beinhaltet die Untersagungsverfügung dieser Gestalt immer zwei Regelungen, die z. B. in einer Klausur auch immer getrennt geprüft und in der Anfertigung eines Bescheides beachtet werden müssen. Sinn und Zweck des Satzes 2 soll sein, dass die Behörde vorbeugend handeln kann, um bestimmte weitere selbstständige gewerbliche Tätigkeiten oder Leitungstätigkeiten im Vorfeld aufgrund der Unzuverlässigkeit des Gewerbetreibenden auszuschließen. Damit soll dem Gewerbetreibenden die Möglichkeit genommen werden, sich nach Untersagung seines konkreten Gewerbes mit anderer gewerblicher Betätigung alternativ zu betätigen.[109] Grundsätzlich hat § 35 Abs. 1 S. 2 GewO die gleichen Voraussetzungen wie § 35 Abs. 1 S. 1 GewO, jedoch darf der Gewerbetreibende die zu verbietenden Gewerbe noch nicht ausüben[110] (Zweck: vorbeugend) und die Unzuverlässigkeit muss sich dann auch auf die jeweils ausgesprochenen einzelnen oder alle Gewerbearten beziehen.[111] Somit müssen die festgestellten Tatsachen die Erwartung begründen, dass der Gewerbe-

---

[108] Vgl. Ruthig/ Storr, § 3, Rn. 299.

[109] Vgl. Brüning in BeckOK GewO, § 35, Rn. 47 ff.

[110] Vgl. BVerwG, Urteil vom 02.02.1982 – 1 C 94.78, GewArch 1982, 298 (299).

[111] Vgl. BVerwG Beschl. vom 12.01.1993 – 1 B 1.93,GewArch 1993, 155 (156).

treibende auch für die erweiterten Gewerbe unzuverlässig ist und ein Ausweichen auf diese Gewerbe zu erwarten ist. Liegen die Tatbestandsvoraussetzungen für die Untersagung nach § 35 Abs. 1 S. 2 GewO vor, so steht im Gegensatz zu § 35 Abs. 1 S. 1 GewO diese Entscheidung im Ermessen der Behörde („kann"). Für die Eintragung ins Gewerbezentralregister und den Antrag auf Wiedergestattung nach § 35 Abs. 6 GewO gilt das oben Gesagte.

Beispiel: 93

Wie oben betreibt A ein Spielzeugwarengeschäft als Einzelhandel. Gegen ihn wird eine Untersagung nach § 35 Abs. 1 S. 1 und § 35 Abs. 1 S. 2 GewO verfügt. Im Bescheid steht, dass ihm sein Gewerbe untersagt wird wie auch zukünftig alle weiteren Gewerbeausübungen. Natürlich wird diese Verfügung ordnungsgemäß begründet – § 35 Abs. 1 S. 1 GewO als gebundene Entscheidung, § 35 Abs. 1 S. 2 GewO als Ermessensentscheidung. Jetzt darf A also auch keinen Friseurladen zukünftig betreiben, denn mit der Verfügung nach § 35 Abs. 1 S. 2 GewO werden vorbeugend alle anderen/weiteren Gewerbe untersagt, also auch die, die nicht der tatsächlich ausgeübten Branche angehören.

3.2.3.3 Adressat

Adressat der Gewerbeuntersagung können natürliche und juristische Personen sein. Grundsätzlich ist derjenige Adressat der Gewerbeuntersagungsverfügung, der die Gewerbeanzeige nach § 14 GewO erstattet hat oder im Handelsregister eingetragen ist.[112] 94

Beispiele: 95

B ist Gewerbetreibender, männlich, 38 Jahre und unzuverlässig für sein konkret ausgeübtes Gewerbe. Da er eine natürliche Person ist, ist er Adressat der Untersagungsverfügung nach § 35 Abs. 1 GewO.
Gewerbetreibende G ist eine GmbH und der Geschäftsführer dieser ist unzuverlässig. Die GmbH ist eine juristische Person und damit ist die Untersagungsverfügung gegen sie selbst zu richten.

Schwierigkeiten macht zuweilen das sog. **Strohmannverhältnis**. Sofern ein Strohmannverhältnis vorliegt, ist eine Untersagungsverfügung gegen Strohmann und Hintermann möglich.[113] Von einem „Strohmann" spricht man im Gewerberecht, wenn jemand (der Strohmann) zur Verschleierung der tatsächlichen Verhältnisse als Gewerbetreibender vorgeschoben wird, das infrage stehende Gewerbe in Wirklichkeit aber von jemand anderem betrieben wird. Die eine Person gibt nur ihren Namen für den Gewerbebetrieb her und dient dem wahren Gewerbetreibenden als „Aushängeschild".[114] Die Rechtsprechung bezeichnet den Strohmann auch als „jederzeit steuerbare Marionette"[115], sodass der Hintermann ihn 96

[112] OVG Bautzen, Beschl. vom 12.12.2007 – 3 BS 286/06, GewArch 2008, 118 (119).
[113] Vgl. BVerwGE 65, 12 (13).
[114] BVerwG, Urteil vom 14. 7. 2003 – 6 C 10/03, NVwZ 2004, 103 (104).
[115] BVerwG, Urteil vom 14.07.2003 – 6 C 10/03, NVwZ 2004, 103 (104).

zwecks Täuschung des Rechtsverkehrs vorschiebt. Um also ein Strohmannverhältnis zu begründen, müssen mehrere Voraussetzungen erfüllt sein.

97 *So könnte man sich ein Strohmannverhältnis einprägen:*

Strohmann → Strohmann/Marionette, gibt Namen, ist Aushängeschild, nimmt am Wirtschaftsleben teil	Bild: www.Freepik.com	Hintermann ← „Hintermann" steuert, ist Gewerbetreibender
• wird vorgeschoben	ZUSAMMEN:	• Gewerbe wird in Wirklichkeit von ihm betrieben.
• gibt Namen	Verschleierung der wahren faktischen und wirtschaftlichen Machtverhältnisse	
• ist Aushängeschild	Täuschung des Rechts- und Wirtschaftsverkehrs	
• jederzeit steuerbare Marionette	„Kollusives Zusammenwirken"	
• wird allein nach außen tätig		
• schließt Geschäfte in seinem Namen ab		
• rechtliche Bindung		

98 Die Tatsache, dass Strohmann und Hintermann gemeinsam kollusiv zusammenwirken (unerlaubt – zum Nachteil eines Dritten), begründet es, dass beide Adressat einer Untersagungsverfügung sein können, indem beide als Gewerbetreibende angesehen werden.[116] Denn ist der Hintermann unzuverlässig, dann ergibt sich die Unzuverlässigkeit des Strohmannes daraus, dass er einem Unzuverlässigen missbräuchlich die gewerbliche Tätigkeit ermöglicht.

99 Schwierig ist für die Behörde, ein Strohmannverhältnis zu beweisen. Der VGH Kassel[117] hat darauf hingewiesen, dass die Beurteilung, ob ein sog. Strohmannverhältnis vorliegt, eine Frage des Einzelfalls ist. Dies müsse aus Indizien abgeleitet werden. Die Tatsache, dass der Gewerbetreibende das Gewerbe auf seinen Namen angemeldet hat und die Rechnungen an ihn adressiert werden, reicht dabei nicht aus. Vielmehr muss z. B. auffallen, dass der Hintermann maßgeblich an den Gesprächen mit der Behörde beteiligt war und den Eindruck vermittelte, die Person zu sein, die die Entscheidungen trifft, dass bei Vorortkontrollen der Gewerbetreibende nicht angetroffen wird, obwohl weder bekannt noch vorgetragen wurde, dass er noch anderweitige Geschäfte oder Unternehmungen führt und vielmehr angab, seine

116 Vgl. BVerwGE 65, 12 (13).
117 Vgl. VGH Kassel, 04.09.2012 – 6 B 1557/12, GewArch. 2013, 39 (40).

Arbeitskraft dem Betrieb widmen zu wollen, sowie bei erstaunlichen Wissensdefiziten des Gewerbetreibenden in Bezug auf die Betriebsführung.

3.2.3.4 Rechtsschutz

Da die Untersagungsverfügung nach § 35 Abs. 1 GewO einen Verwaltungsakt i. S. d. § 35 S. 1 VwVfG darstellt, kann der Beteiligte, der Adressat der Verfügung ist, gegen diese Entscheidung im Rahmen der Anfechtungsklage[118] vorgehen. Maßgeblicher Zeitpunkt für die Beurteilung der Unzuverlässigkeit bleibt allerdings der Zeitpunkt der letzten behördlichen Entscheidung, nicht wie früher vertreten wurde der Zeitpunkt der letzten mündlichen Verhandlung in der Tatsacheninstanz.[119] 100

3.2.3.5 Besonderheiten § 35 GewO

Möglicherweise kann nach § 35 Abs. 2 GewO dem Gewerbetreibenden von der zuständigen Behörde gestattet werden, dass ein Stellvertreter den Betrieb weiter fortführt. Dafür muss eine wirksame Untersagungsverfügung vorliegen sowie ein Antrag des Gewerbetreiben mit der Nennung eines zuverlässigen Stellvertreters. Nach Prüfung der Behörde, ob dieser tatsächlich zuverlässig und unabhängig ist, erfolgt eine Stellvertretererlaubnis an den Gewerbetreibenden gerichtet unter Ermessensgesichtspunkten. Diese individuelle Stellvertretererlaubnis ist akzessorisch zur Untersagung, erlischt also im selben Zeitpunkt, wie die Wirksamkeit der Untersagungsverfügung endet. [120] Davor bleibt die Möglichkeit der Rücknahme und des Widerrufs nach §§ 48, 49 VwVfG möglich, die ebenfalls die Erlaubnis zum Erlöschen bringt.[121] 101

Eine weitere Besonderheit bietet der § 35 Abs. 7a GewO. Danach kann die Untersagung auch gegen Vertretungsberechtigte oder mit der Leitung des Gewerbebetriebes beauftragte Personen ausgesprochen werden. Da § 35 Abs. 1 GewO lediglich eine Untersagung gegen den Gewerbetreibenden möglich macht, bestand bis zur Einfügung des § 35 Abs. 7a GewO eine Lücke, indem gegenüber dem unzuverlässigen Vertretungsberechtigten oder Betriebsleiter keine Untersagungsverfügung ergehen konnte. Stellt sich nunmehr die Situation so dar, dass der Gewerbetreibende sich die Unzuverlässigkeit eines Dritten zurechnen lassen muss, dann kann auch gegen den Vertretungsberechtigten oder gegen die mit der Leitung des Gewerbebetriebes beauftragte Person eine Untersagungsverfügung erlassen werden. Aufgrund des Wortlautes „auch" im Gesetzestext des § 35 Abs. 7a S. 1 GewO zeigt sich allerdings auch hier eine Akzessorietät. Eine Untersagungsverfügung nach § 35 Abs. 7a GewO ist demnach nur möglich, sofern auch gegen den Gewerbetreibenden ein Untersagungsverfahren eingeleitet wurde. Die Frage, ob die Verfahren gleichzeitig eingeleitet werden müssen oder nicht, hat das BVerwG dahingehend entschieden, dass die Verfahren weder gleichzeitig eingeleitet noch gleichzeitig beendet werden müssen.[122] Demnach handelt es 102

118 Vgl. hierzu in Niedersachsen: §§ 68 I 1, 42 I Alt. 1 VwGO, 35 S. 1 VwVfG, 68 I 2 VwGO, 80 NJG.
119 Vgl. zum Ganzen: Heß in Friauf, § 35, Rn. 603 ff.
120 Vgl. Heß in Friauf, § 35, Rn. 551.
121 Vgl. Heß in Friauf, § 35, Rn. 551.
122 Vgl. BVerwG Urteil vom 19.12.1995 – 1 C 3.93, NVwZ 1997, 278 (279).

sich hier um eine „eingeschränkte" oder „lockere" Akzessorietät.[123] Die Entscheidung nach § 35 Abs. 7a GewO ist eine Ermessensentscheidung, die aufgrund der Anwendbarkeit der Abs. 1–7 GewO (vgl. § 35 Abs. 7a S. 3 GewO) die gleichen Voraussetzungen hat, die oben im Rahmen der Unzuverlässigkeit und Erforderlichkeit bereits angesprochen wurden.

103

Prüfungsaufbau zu § 35 I GewO
Vorüberlegung: Anwendbarkeit der GewO? § 6 GewO
Arbeitsziel ⇨ Überlegung: Was soll untersagt werden? Lediglich das ausgeübte Gewerbe (§ 35 Abs. 1 S. 1 GewO) oder darüber hinaus vorsorglich auch weitere oder alle Gewerbe oder auch die Tätigkeit als Vertretungsberechtigter oder Leiter (§ 35 Abs. 1 S. 2 GewO)?
Ermächtigungsgrundlage ⇨ Neben dem Grundsatz der Gesetzmäßigkeit aus Art. 20 Abs. 3 GG (Vorbehalt und Vorrang des Gesetzes) sollten hier ggf. Überlegungen stattfinden, ob § 35 Abs. 8 GewO der Anwendbarkeit des § 35 Abs. 1 GewO entgegensteht.
Formelle Rechtmäßigkeitsprüfung ⇨ Zuständigkeit – sachliche Zuständigkeit: § 155 Abs. 2 GewO i.V.m. § 1 Abs. 1 S.1 i.V.m. Anlage lfd. Nr. 1 ZustVO Wirtschaft – örtliche Zuständigkeit: § 35 Abs. 7 GewO ⇨ Verfahren – allgemeine Verfahrensvoraussetzungen wie Anhörung (§ 28 VwVfG), ausgeschlossene Personen (§ 20 VwVfG) oder Besorgnis der Befangenheit (§ 21 VwVfG). – besondere Verfahrensvorschrift § 35 Abs. 4 GewO ⇨ Form (bei Erstentscheidung im Entscheidungsvorschlag) – Form nach § 37 VwVfG – Begründung des Verwaltungsaktes nach § 39 VwVfG – Wirksamkeit und Bekanntgabe nach §§ 41, 43 VwVfG
Materielle Rechtmäßigkeitsprüfung ⇨ Tatbestand – stehendes Gewerbe – tatsächliche Ausübung – Unzuverlässigkeit aufgrund von Tatsachen – Erforderlichkeit zum Schutz der Allgemeinheit oder der im Betrieb Beschäftigten – ganz oder teilweise ⇨ Rechtsfolge – § 35 Abs. 1 S. 1 GewO „ist" = gebundene Entscheidung – § 35 Abs. 1 S. 2 GewO „kann" = Ermessensentscheidung mit anschließender Verhältnismäßigkeitsprüfung

[123] Vgl. Ennuschat in Ennuschat, § 35, Rn. 232; Heß in Friauf, § 35, Rn. 374.

Vertiefungshinweise

Korte, Stefan; Dittrich, Stephan, Unter 32-16-8- herrscht Konjunktur die ganze Nacht! GewArch 2015, S. 165–172.

Leisner, Walter Georg, Unzuverlässigkeit im Gewerberecht (§ 35 Abs. 1 S. 1 GewO), GewArch 2008, S. 225–232.

Weber, Klaus, Zur Gewerbeuntersagung nach § 35 I GewO, Verwaltungsrundschau 2012, S. 337–342.

Weidemann, Holger, Der praktische Fall: Eine neue Chance? Verwaltungsrundschau 2010, S. 99–102.

VG Bremen, Az.: 5 K 834/10, Urteil vom 21.04.2011.

4 ERLAUBNISBEDÜRFTIGE GEWERBEARTEN IM STEHENDEN GEWERBE

104 Neben den bereits oben beschriebenen und erläuterten *erlaubnisfreien* Gewerbearten im stehenden Gewerbe existieren bestimmte Gewerbe, für die der Gewerbetreibende einer besonderen Genehmigung bedarf. Die Gewerbeordnung beinhaltet im § 29 Abs. 1 GewO eine abschließende Aufzählung dieser Gewerbearten. Hier bedarf es jedoch vorab eines genaueren Überblicks der genannten Gewerbearten sowie der dahinterstehende Terminus für die Genehmigung.

105

§ 29 Abs. 1 GewO

erlaubnisbedürftig
(§ 29 Abs. 1 Nr. 1 GewO)

öffentlich bestellt
(§ 29 Abs. 1 Nr. 2 GewO)

überwachungsbedürftig
(§ 29 Abs. 1 Nr. 3 GewO)

im Untersagungs-
verfahren
(§ 29 Abs. 1 Nr. 4 GewO)

Kulturgüter Handelnder
(§ 29 Abs. 1 Nr. 5 GewO)

Im Folgenden wird sich dieses Lehrbuch mit den *erlaubnisbedürftigen* Gewerbearten nach § 29 Abs. 1 Nr. 1 GewO näher befassen. Diese stellen den relevantesten Teil der Praxis dar. Einer *Erlaubnis* bedarf es nach § 29 Abs. 1 Nr. 1 GewO ausweislich des abschließenden Kataloges bei folgenden Gewerben: 106

- Unternehmer von Privatkrankenanstalten (§ 30 GewO)
- Bewachnungsunternehmen auf Seeschiffen (§ 31 GewO)
- Schaustellungen von Personen (§ 33a GewO)
- Spielgeräte mit Gewinnmöglichkeit (§ 33c GewO)
- Andere Spiele mit Gewinnmöglichkeit (§ 33d GewO)
- Spielhallen und ähnliche Unternehmen (§ 33i GewO)
- Pfandleihgewerbe (§ 34 GewO)
- Bewachungsgewerbe (§ 34a GewO)
- Versteigerergewerbe (§ 34b GewO)
- Immobilienmakler, Darlehensvermittler, Bauträger, Baubetreuer, Wohnungsimmobilienverwalter (§ 34c GewO)
- Versicherungsvermittler, Versicherungsberater (§ 34d GewO)
- Finanzanlagenvermittler (§ 34f GewO)
- Honorar-Finanzanlagenberater (§ 34h GewO)
- Immobiliardarlehensvermittler (§ 34i GewO)

Grundsätzlich ermöglicht die Gewerbefreiheit aus § 1 Abs. 1 Hs. 1 GewO jedermann die Ausübung eines zulassungsfreien Gewerbes. Die Gewerbefreiheit ist sehr eng an das Grundrecht der Berufsfreiheit aus Art. 12 Abs. 1 S. 1 GG gekoppelt, wonach alle das Recht haben, einen Beruf frei zu wählen und auszuüben. Dieses Recht kann und wird jedoch durch die Schranken aus Art. 12 Abs. 1 S. 2 GG sowie § 1 Abs. 1 Hs. 2 GewO eingeschränkt. Bei bestimmten Gewerben, von denen eine besondere Gefahrenintensität ausgeht, können sich entsprechende Einschränkungen ergeben. Betrachtet man den oben aufgeführten Katalog der erlaubnisbedürftigen Gewerbearten, so fällt auf, dass den Gewerbetreibenden eine besondere Verantwortung zukommt. Die Gewerbetreibenden sind in besonderem Maße verantwortlich für große Geldbeträge, aber auch für den Schutz der Kunden und des Eigentums der Kunden. Von den o. g. Gewerben gehen teilweise immense Gefahren für die Gesundheit, aber auch für finanzielle Angelegenheiten der Betroffenen aus. 107

Diese besondere Verantwortung und daraus resultierend eben auch eine potenzielle Missbrauchsgefahr, bedarf einer intensiven staatlichen Kontrolle. Sinn und Zweck dieser staatlichen Kontrolle sollte es sein, dass die zuständigen Behörden und Stellen Gefahren für die Allgemeinheit sowie für die Rechtsordnung abwenden. Insbesondere müssen Personen, die die notwendigen Voraussetzungen und Zuverlässigkeit nicht besitzen, von diesen sensiblen Gewerbearten ausgeschlossen werden. 108

Im Folgenden soll exemplarisch an drei *erlaubnisbedürftigen* Gewerbearten die Sensibilität, aber auch die Möglichkeiten der Einschränkung, Versagung bzw. des Widerrufs seitens der Behörde näher erläutert werden. 109

4.1 ERLAUBNIS = VERWALTUNGSAKT IM SINNE DES § 35 S. 1 VWVFG

110 Die Erteilung der *Erlaubnis* legitimiert den Erlaubnisinhaber zum Betreiben eines *erlaubnisbedürftigen* Gewerbes. Die Erlaubniserteilung könnte einen Verwaltungsakt im Sinne des § 35 S. 1 VwVfG darstellen. Ein Verwaltungsakt ist hiernach jede behördliche Verfügung, Entscheidung oder andere hoheitliche Maßnahme zur Regelung eines Einzelfalls auf dem Gebiet des öffentlichen Rechts. Bei der Frage, welche Art von Verwaltungsakt vorliegt, unterscheidet man nach der Art der getroffenen Regelung (**Regelungsinhalt**) sowie nach der Wirkung auf den Adressaten (**Regelungsauswirkung**).[124] In der Literatur wird hinsichtlich des **Regelungsinhalts** zwischen zwei gängigen Arten von Verwaltungsakten unterschieden. Bei den *Anspruchs- und pflichtkonkretisierenden Verwaltungsakten* wird den Beteiligten in der Regel ein Tun, Dulden oder Unterlassen auferlegt.[125] Die Behörde formuliert hier gegenüber dem Empfänger des Verwaltungsaktes somit ein erwünschtes pflichtgemäßes Verhalten seinerseits mittels einer Verfügung oder Anordnung. Bei den *rechtsgestaltenden Verwaltungsakten* hingegen wird dem Adressaten eine Rechtsstellung eingeräumt, die er vor Erlass des Verwaltungsaktes nicht besaß.[126] In den jeweiligen Spezialgesetzen treten diese Art von Verwaltungsakten unter unterschiedlichen Bezeichnungen auf. Der Verwaltungsakt kann unter anderem in Form einer Erlaubnis, einer Genehmigung oder einer Konzession einhergehen. Das Rechtsverhältnis wird unmittelbar durch den Verwaltungsakt begründet, verändert oder beseitigt. Der Verwaltungsakt kann daher nicht vollstreckt werden.[127] Neben diesen beiden Formen, existiert noch der *feststellende Verwaltungsakt*, der das Ziel hat, ein Verwaltungsrechtsverhältnis festzustellen.[128]

111 Nach der **Regelungsauswirkung** unterscheidet man maßgeblich zwischen zwei Typen von Verwaltungsakten. Ein *begünstigender Verwaltungsakt* begründet oder bestätigt ein Recht oder einen rechtlich erheblichen Vorteil eines Beteiligten (vgl. § 48 Abs. 1 S. 2 VwVfG). Dem gegenüber wirken sich *belastende Verwaltungsakte* nachteilig auf die Rechtsstellung eines Beteiligten aus.[129] Der belastende Verwaltungsakt zeichnet sich dadurch aus, dass ein Eingriff in die Rechte des Beteiligten vorgenommen wird und sich sein *„status quo"* in einen *„status quo minus"* umwandelt. Außerdem existieren noch Verwaltungsakte mit *Doppelwirkung* (wenn ein begehrter Verwaltungsakt nur teilweise gewährt wird oder mit einer unerwünschten Auflage verknüpft ist) und Verwaltungsakten mit *Drittwirkung* (wenn sich der begünstigende Verwaltungsakt für eine dritte Person nachteilig auswirkt).

---

[124] Vgl. Erbguth, § 12, Rn. 33, 34.
[125] Vgl. Ipsen, § 7, Rn. 374.
[126] Vgl. Ipsen, § 7, Rn. 387.
[127] Vgl. Detterbeck, § 10, Rn. 499.
[128] Vgl. Ipsen, § 7, Rn. 397.
[129] Vgl. Ipsen, § 7, Rn. 408.

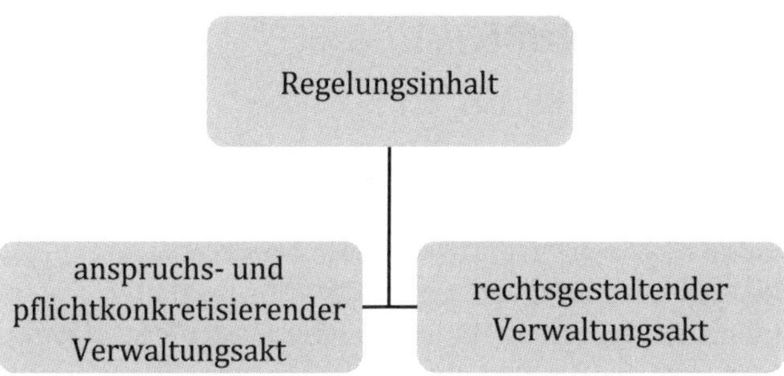 112

Unterscheidung Verwaltungsakt nach dem Regelungsinhalt

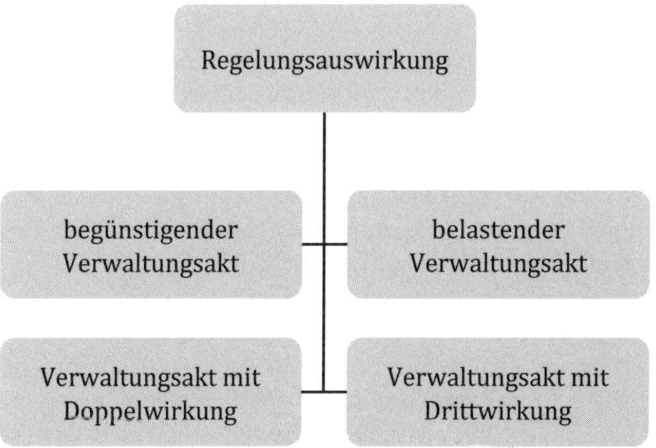 113

Unterscheidung Verwaltungsakt nach der Regelungsauswirkung

Eine gewerberechtliche Erlaubnis stellt somit einen rechtsgestaltenden Verwaltungsakt im Sinne des § 35 S. 1 VwVfG da, der begünstigender Natur (§ 48 Abs. 1 S. 2 VwVfG) ist.[130] 114

Merke: 115

Eine Gewerbeerlaubnis stellt einen begünstigenden Verwaltungsakt im Sinne des § 35 S. 1 VwVfG dar.

[130] Vgl. Robinski, S. 125.

4.2 ERLAUBNISVERFAHREN

116 Eine Erlaubnis zum Betreiben eines erlaubnispflichtigen Gewerbes wird nur auf Antrag durch die zuständige Behörde erteilt. Um über den Antrag des Bürgers zu bescheiden, muss dieser alle notwendigen Unterlagen und Nachweise beinhalten. Bis zur endgültigen Erlaubniserteilung ist die Ausübung des beantragten Gewerbes verboten. Die meisten Behörden haben diese Erlaubnisanträge sowie Hinweisblätter auf der jeweiligen Internetseite zum Herunterladen veröffentlicht. Das Beantragen einer Erlaubnis ist aber auch weiterhin vor Ort bei der zuständigen Behörde möglich.

4.2.1 PRÜFUNG DER ERLAUBNISERTEILUNG

117 Nachdem die Behörde festgestellt hat, dass es zum Betreiben des Gewerbes einer Erlaubnis bedarf, muss im nächsten Schritt überprüft werden, ob eine materielle Erlaubnisfähigkeit gegeben ist. Dies wird auf Grundlage der Tatbestandsvoraussetzungen der Anspruchsgrundlage überprüft. Sollte der Antragsteller die notwendigen sachlichen und persönlichen Voraussetzungen für die Gewerbeausübung besitzen, ist ihm der begehrte Verwaltungsakt in Form der Erlaubnis zu erteilen. Es handelt sich hier um eine gebundene Entscheidung, bei der der Antragsteller einen Rechtsanspruch besitzt.

118 Betrachtet man die Grundvoraussetzung etwas genauer, erkennt man auch, warum hier der Gesetzgeber nur eine gebundene Entscheidung wählen durfte. Bei der jeweiligen Anspruchsgrundlage auf Erteilung der Erlaubnis handelt es sich um ein sog. **Verbot mit Erlaubnisvorbehalt**. Dieser besagt, dass ein bestimmtes Tun oder Unterlassen nur so lange verboten ist, bis auf Antrag die begehrte Erlaubnis erteilt wird.[131]

119 Die Erlaubnis zum Betreiben eines solchen Gewerbes ist eng mit der Gewerbefreiheit aus § 1 Abs. 1 GewO sowie mit dem Recht auf freie Berufsfreiheit aus Art. 12 Abs. 1 GG verbunden. Hieraus lässt sich auch ableiten, dass bei einer Erlaubniserteilung das oben beschriebene präventive Verbot mit Erlaubnisvorbehalt die Regel bilden muss. Es würde dem Grundsatz der Gewerbefreiheit vollumfänglich wiedersprechen, wenn bei Vorliegen sämtlicher Anspruchsvoraussetzungen die Behörde im Zuge einer Ermessensentscheidung „gutdünklich" entscheiden dürfte.[132]

4.2.2 FRIST VOM ANTRAG HIN ZUM VERWATLUNGSAKT

120 Im Zuge einer unkomplizierten und schnellen Dienstleistung hat das Europäische Parlament im Jahre 2006 die EG-Dienstleistungsrichtlinie verabschiedet. Sinn und Zweck dieser Richtlinie war es, Prozesse im Dienstleistungssektor zu vereinfachen und zu beschleunigen.

[131] Vgl. Maurer, § 9, Rn. 52 ff.

[132] Vgl. Frotscher, § 13, Rn. 399.

Die Richtlinie musste der deutsche Gesetzgeber binnen drei Jahren in nationales Recht integrieren. Diese Richtlinie hat maßgeblichen Einfluss darauf, dass die zuständigen Behörden eine Frist gesetzt bekommen haben, innerhalb derer sie über einen Antrag (positiv wie auch negativ) zu bescheiden haben. Der Bürger kann sich somit nach erfolgreicher Antragstellung auf eine zeitnahe Bescheidung einstellen. Innerhalb welcher Frist die Behörde zu reagieren hat und was passiert, wenn die Behörde nicht reagiert, wird im Folgenden näher erläutert.

Entsprechend dem gängigen Grundsatz *lex specialis derogat legi generali* wäre der § 6a GewO als maßgebliche Norm für die Frist, innerhalb derer eine Behörde über einen Antrag zu entscheiden hat, in den dort genannten Fällen zu verwenden. Dies stellt sich jedoch bei genauerer Betrachtung als Trugschluss dar, auch wenn hier eine konkrete Frist zur Bearbeitung des Antrages genannt ist. 121

Lediglich § 42a VwVfG beinhaltet alle aus Art. 13 Abs. 3 und Abs. 4 RL 2006/123/EG geforderten Vorgaben hinsichtlich der behördlichen Genehmigungsfiktion. Der § 6a GewO steht dahingehend lediglich in einem systematischen Zusammenhang mit § 42a VwVfG.[133] Die Anwendbarkeit des § 42a VwVfG in Niedersachsen ergibt sich aus § 1 Abs. 1 Nds. VwVfG als Verweisungsnorm. 122

Somit ist § 42a VwVfG als „Einstiegsnorm" für die Genehmigungsfiktion eines Antrages zu wählen. Gemäß § 42a Abs. 1 S. 1 VwVfG gilt eine beantragte Genehmigung nach Ablauf einer festgelegten Frist als erteilt, wenn dies durch Rechtsvorschrift angeordnet und der Antrag hinreichend bestimmt ist. Die angesprochene Fristlänge ist in § 42a Abs. 2 S. 1 VwVfG bestimmt. Sie beträgt genau drei Monate, soweit durch Rechtsvorschrift nichts Abweichendes bestimmt ist. 123

Hieraus lässt sich somit grds. Erst mal ableiten, dass die Behörde **drei Monate Zeit** hat, über den Antrag zu bescheiden. Die Frist beginnt an dem Tag zu laufen, an dem nach § 42a Abs. 2 S. 2 VwVfG alle **notwendigen Unterlagen** für einen vollständigen Antrag bei der Behörde vorliegen.[134] Nach Ansicht des OVG Hamburg ist ein Antrag dann vollständig, wenn er aufgrund der eingereichten Unterlagen materiell-rechtlich entscheidungsreif ist.[135] Hier sollten die Anforderungen jedoch bürgerfreundlich interpretiert werden. „Der Beginn dieser dreimonatigen Entscheidungsfrist setzt nicht die vollständige Entscheidungsreife hinsichtlich des Genehmigungsantrags voraus."[136] Für die Fristberechnung wird auf die Regelungen des BGBs verwiesen (§ 31 Abs. 1 VwVfG i. V. m. §§ 187–193 BGB). 124

Außerdem muss der Antrag gem. § 42a Abs. 1 S. 1 VwVfG **hinreichend bestimmt** sein. Da im Zuge der Fiktion der Antrag als Genehmigung (Verwaltungsakt – s. o.) fingiert wird, muss dieser fiktionsfähig sein. Dies bedeutet, dass der Antrag so gefasst sein muss, dass er den Anforderungen an einen Verwaltungsakt aus § 37 Abs. 1 VwVfG entspricht.[137] Aus 125

---

[133] Vgl. Holzner in GewO, § 6, Rn. 7.

[134] Vgl. Storr in GewO, § 6a, Rn. 10.

[135] OVG Hamburg, Beschl. v. 18.11.2010 – 3 Bs 206/10 (openJur), Abs.-Nr. 16.

[136] OVG Hamburg, Beschl. v. 18.11.2010 – 3 Bs 206/10 (openJur), Abs.-Nr. 33.

[137] Vgl. Ziekow, § 42a, Rn. 13.

dem Antrag muss somit eindeutig hervorgehen, welche Erlaubnis erteilt werden soll und wozu die Erlaubnis den Erlaubnisinhaber berechtigt.

126 Nun müsste noch ein Blick auf die **Rechtsvorschrift** aus § 42a Abs. 1 S. 1 VwVfG geworfen werden. Hier kommt nun der oben angesprochene § 6a GewO ins Spiel. Dieser ist nämlich eine besondere Anordnung durch Rechtsvorschrift in diesem Sinne.[138] In § 6a GewO werden bestimmte genehmigungsbedürftige Gewerbearten genannt, für die die GewO spezielle Vorschriften hinsichtlich der Genehmigungsfiktion bereithält. Die Norm beinhaltet jedoch die gleiche Entscheidungsfrist (drei Monate) wie bei der Genehmigungsfiktion nach § 42a VwVfG und kann isoliert nicht weiterverwendet werden. Hier stellt sich die Frage, weshalb diese Norm mit den dort genannten Gewerbearten (es fehlen diverse genehmigungsbedürftige Gewerbe) weiterhin in sachlicher wie auch in persönlicher Hinsicht Anwendung findet. Dies hat unionsrechtliche Hintergründe und wurde im Zuge einer Normenprüfung ermittelt.[139] Eine weitere unionsrechtliche Erläuterung wäre an dieser Stelle zu komplex. Deshalb wird an dieser Stelle auf die speziellere Literatur hinsichtlich der DLRL verwiesen. Die Existenz des § 6a GewO in der jetzigen Form kann daher mindestens kritisch betrachtet werden. Die Literatur sieht an dieser Stelle Handlungsbedarf. Es wäre wünschenswert, eine allgemeingültige Norm der Genehmigungsfiktion auf Basis der Regelung aus § 42a VwVfG für die gesamte GewO zu installieren.[140] Diesem Vorschlag schließt sich der Autor an. Insbesondere würde es an dieser Stelle zu einer deutlichen Vereinfachung der Handhabung der Genehmigungsfiktion kommen und schlussendlich den Grundsatz *lex specialis derogat legi generali* vollumfänglich würdigen.

127 Basierend auf den o. g. Voraussetzungen aus § 42a VwVfG greift die Genehmigungsfiktion in dem Moment, in dem die Behörde somit einen vollständigen und inhaltlich hinreichend bestimmten Antrag nicht innerhalb einer Frist von drei Monaten bescheidet. Es liegt nach Ablauf der Frist eine fingierte Genehmigung vor. Ob die fingierte Genehmigung nun einen Verwaltungsakt in Sinne des § 35 S. 1 VwVfG gleichzustellen ist, ist jedoch strittig. Nach *Seckelmann* stellt eine fingierte Genehmigung einen Verwaltungsakt kraft ausdrücklicher gesetzgeberischer Entscheidung dar.[141]

128 Demgegenüber sieht *Storr* in der gesetzlichen Genehmigungsfiktion keinen genehmigten Verwaltungsakt, da die Genehmigung nur fingiert wird. Dies begründet er damit, dass gem. § 42a Abs. 3 VwVfG dem Beteiligten auf Antrag die Genehmigungsfiktion schriftlich zu bestätigen ist. Erst die schriftliche Bestätigung würde einen Verwaltungsakt mit feststellendem Charakter darstellen und die Merkmale eines Verwaltungsaktes nach § 35 S. 1 VwVfG beinhalten.[142]

[138] Vgl. Storr in GewO, § 6a, Rn. 7.
[139] Vgl. Stenger in Landmann/Rohmer, § 6a, Rn. 8, 9.
[140] Siehe Abromeit, DÖV 2013, S. 133 (138).
[141] Vgl. Seckelmann in Kommentar VwVfG, § 42a, Rn. 13.
[142] Vgl. Storr in GewO, § 6a, Rn. 14.

Ganz gleich welche Theorie man bevorzugt, besitzt der Antragsteller die begehrte Genehmigungsfiktion zum Betreiben eines erlaubnisbedürftigen Gewerbes. Unabhängig davon wird mit der Genehmigungsfiktion jedoch nicht die Rechtmäßigkeit des Antrages festgestellt. Die Behörde hat die Möglichkeit, im Zuge der Nichtigkeit, Rücknahme und des Widerrufs (§§ 44, 48, 49 VwVfG) die fingierte Genehmigung (teilweise oder vollständig) aus der Welt zu schaffen.[143] Insbesondere bei einer Rücknahme nach § 48 Abs. 1 VwVfG sollte jedoch ein möglicher Vertrauensschutz berücksichtigt werden. 129

Vertiefungshinweise

Kluth, Winfried, Die Genehmigungsfiktion des § 42a VwVfG, JuS 2011, 1078.

Broscheit, Jannis, Die Vollständigkeit der Antragsunterlagen als Maßstab für den Beginn der Fiktionsfrist nach § 42a II 2 VwVfG, GewA 2015, 209.

Weidemann, Holger; Suckow, Horst, Die fingierte Erlaubnis, DVP 10/10, 420 ff.

4.2.3 DIE ERLAUBNIS ALS SACH- UND PERSONALKONZESSION

Bei der Betrachtung der gewerberechtlichen Erlaubnis muss zwischen zwei Grundtypen unterschieden werden. Man differenziert hier zwischen der persönlichen Erlaubnis (**Personalkonzession**) und der dinglichen Erlaubnis (**Sachkonzession**).[144] Die Personalkonzession wird allen natürlichen und juristischen Personen erteilt, die die persönlichen Erlaubnisvoraussetzungen zum Betreiben des jeweiligen Gewerbes besitzen.[145] Klassischerweise gehören zu diesen Eigenschaften und Fähigkeiten bspw. die Zuverlässigkeit, Sachkunde oder Gesundheit des zukünftigen Gewerbetreibenden.[146] Die Erlaubnis ist nicht übertragbar, und keine andere als die in der Erlaubnis genannte Person oder juristische Person darf von dieser Erlaubnis Gebrauch machen.[147] Beispiele für die Personalkonzession sind die Erlaubnisse für Makler, Bauträger und Baubetreuer (§ 34c GewO) oder Finanzanlagenvermittler (§ 34f GewO). 130

Bezieht sich hingegen die Erlaubnis auf den Gewerbebetrieb, z. B. auf die Lage oder auf die Betriebsräume, spricht man von einer Sachkonzession. Bei der dinglichen Erlaubnis sind im Anhang dieser die Anforderungen an die Betriebsräume oder an die Lage des Unternehmens festzuhalten.[148] Ein Beispiel für eine reine Sachkonzession ist eine Genehmigung nach §§ 4 ff. BImSchG. 131

---

[143] Vgl. Storr in GewO, § 6a, Rn. 14.
[144] Vgl. Frotscher, § 13, Rn. 400.
[145] Vgl. Robinski, S. 121.
[146] Vgl. Frotscher, § 13, Rn. 400.
[147] Vgl. Robinski, S. 121.
[148] Vgl. Robinski, S. 122.

132 Eine reine Personal- oder Sachkonzession ist nur sehr selten anzutreffen. In den meisten Fällen sind die beiden unterschiedlichen Konzessionen in einer sog. **gemischten Konzession** oder aber auch **sachgebundenen Personalkonzession** kombiniert wiederzufinden.[149] Diese gemischte Konzession soll am folgenden Beispiel veranschaulicht werden. Die Erlaubnis zum Betreiben einer Spielhalle nach § 33i GewO beinhaltet sowohl persönliche Voraussetzungen (**Personalkonzession**) an den zukünftigen Gewerbetreibenden (vgl. § 33i Abs. 2 Nr. 1 GewO i. V. m. § 33c Abs. 2 Nr. 1 GewO – persönliche Zuverlässigkeit des Gewerbetreibenden) als auch Bedingungen an die sachlichen Gegebenheiten (**Sachkonzession**) (vgl. § 33i Abs. 2 Nr. 2 GewO – Räumlichkeiten des Betriebes) und bildet somit eine **gemischte Konzession.**

133 Die Unterscheidung zwischen den beiden Konzessionsarten ist vor allem bei der Klärung der *Rechtsnachfolge* von großer Bedeutung. **Sachkonzessionen** dürfen grundsätzlich auf den Rechtsnachfolger übertragen werden, während, wie schon oben dargestellt, die **Personalkonzession** fest an die Person des Gewerbetreibenden gekoppelt ist.[150]

134

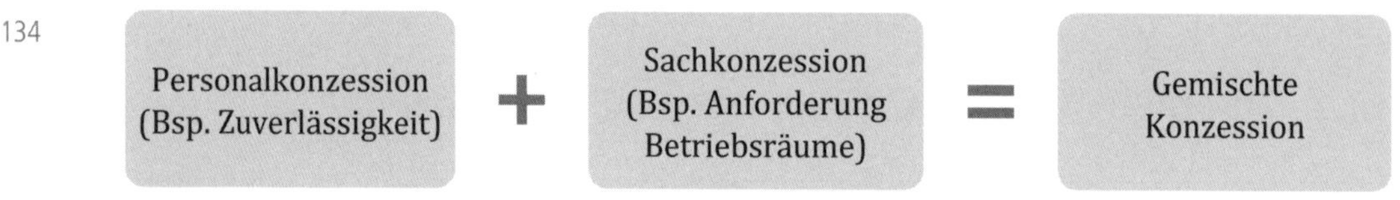

Konzessionen

4.2.4 DIE NATÜRLICHE UND JURISTISCHE PERSON ALS ERLAUBNISTRÄGER

135 Die Anspruchsgrundlagen der Gewerbeordnung auf Erteilung einer Erlaubnis sehen grundsätzlich nur **natürliche Personen** als Inhaber vor. Demnach kann an dieser Stelle relativ schnell bejaht werden, dass alle natürlichen Personen nach § 1 BGB (Mensch als Rechtssubjekt – Träger von Rechten und Pflichten) die Erlaubnis zum Betreiben eines genehmigungsbedürftigen Gewerbes führen dürfen.

136 Wie verhält es sich aber mit **juristischen Personen**? Die Gewerbefreiheit aus § 1 GewO ist wie oben beschrieben eng an die Berufsfreiheit aus Art. 12 Abs. 1 GG gebunden. Die Berufsfreiheit ist ein Bürgerrecht und kein Menschenrecht.[151] Gemäß Art. 19 Abs. 3 GG gelten die Grundrechte auch für inländische juristische Personen, soweit sie dem Wesen nach auf diese anwendbar sind. Es ist unstrittig, dass die Menschenwürde aus Art. 1 Abs. 1 GG nicht auf eine juristische Person Anwendung finden kann, da hier explizit der Mensch als natürliche Person gemeint ist. Das Bundesverfassungsgericht hat entschieden, dass das Wesen der Berufsfreiheit aus Art. 12 GG auch auf juristische Personen zu erstrecken ist. Dies liegt daran, dass durch die Berufsausübung (Betreiben eines Gewerbes) ein Erwerbszweck

[149] Vgl. Frotscher, § 13, Rn. 400.
[150] Vgl. Frotscher, § 13, Rn. 401.
[151] Vgl. Scholz in Grundgesetz, Art. 12, Rn. 103 ff.

verfolgt wird, der auch durch juristische Personen verfolgt werden kann. Aus diesem Grund können sich auch juristische Personen auf das Grundrecht der Berufsfreiheit aus Art. 12 GG berufen und ein Gewerbe ausüben.[152]

Das Bundesverfassungsgericht hat im o. g. Urteil keine Einschränkungen hinsichtlich der Formen der juristischen Personen vorgenommen, sodass auch teilrechtsfähige Personenmehrheiten wie die oHG oder KG sich auf das Grundrecht berufen und die Erlaubnis zum Betreiben eines genehmigungsbedürftigen Gewerbes führen dürfen. 137

Die **juristische Person** wird in dem Konstrukt selbst Gewerbetreibende aufgrund der eigenen Rechtspersönlichkeit. Der Vorstand (bei einer Aktiengesellschaft nach § 76 Abs. 1 AktG) oder der Geschäftsführer (bei einer GmbH nach § 35 Abs. 1 S. 1 GmbHG) sind lediglich die Vertretungsberechtigten. Die Erlaubnis wird somit auf die juristische Person ausgestellt und von dieser auch geführt. Die Persönlichkeiten hinter der juristischen Person vertreten diese nur nach außen. 138

Es lässt sich somit zusammenfassend feststellen, dass sowohl natürliche Personen wie auch juristische Personen die Erlaubnis zum Betreiben eines erlaubnispflichtigen Gewerbes führen dürfen. 139

4.2.5 NEBENBESTIMMUNGEN IN DER ERLAUBNIS

Nebenbestimmungen zu Verwaltungsakten sind mittlerweile zum Regelfall geworden. Sie dienen der Behörde, einen Verwaltungsakt einzuschränken, zu ergänzen oder in anderer Weise zu modifizieren. Eine **Neben**bestimmung setzt somit voraus, dass eine **Haupt**bestimmung existiert, mit der die Behörde eine Regelung treffen möchte. Sie sind somit als Bestandteil eines Verwaltungsaktes anzusehen.[153] 140

Grundsätzlich sind Nebenbestimmungen bei gewerberechtlichen Erlaubnissen nach § 36 Abs. 1 VwVfG nur zulässig, wenn sie u. a. ausdrücklich durch **Rechtsvorschriften** zugelassen sind.[154] Wie bereits beschrieben, beruht die Erlaubniserteilung auf einer gebundenen Entscheidung, und der Antragsteller besitzt bei Vorliegen sämtlicher Tatbestandsvoraussetzungen einen Rechtsanspruch auf Erhalt des begehrten Verwaltungsaktes. Um die o. g. Konzessionen mit einer Nebenbestimmung zu erweitern, bedarf es somit einer Rechtsgrundlage nach §§ 30 ff. GewO. Betrachtet man nun die Anspruchsgrundlagen auf Erteilung einer Erlaubnis etwas genauer, stellt man fest, dass der Gesetzgeber eben solche Rechtsvorschriften in praktisch allen Normen verbaut hat. So regelt exemplarisch der § 33a Abs. 1 S. 3 GewO bei der Zurschaustellung von Personen, dass „die Erlaubnis mit einer Befristung erteilt und mit Auflagen verbunden werden kann […]" oder § 34 GewO beim Pfandleihgewerbe, dass „die Erlaubnis mit Auflagen verbunden werden kann [ ]". Diese Auflagen oder Befristungen sollen in den meisten Fällen zum Schutz der Allgemeinheit oder von Kunden/Gästen auferlegt werden können. 141

152 BVerfG, Urteil v. 04.04.1967 – 1 BvR 84/65 (openJur), II., Rn. 15.

153 Vgl. Ipsen, § 9, Rn. 552.

154 Siehe Kapitel 4.1.

142 Um die Begrifflichkeiten näher zu erläutern, bedarf es eines Blickes in den § 36 Abs. 2 VwVfG. Hier werden die zulässigen Nebenbestimmungen aufgeführt und legaldefiniert.[155] Bei der Wahl der Nebenbestimmung hat sich die zuständige Behörde an den in der Anspruchsgrundlage genannten Varianten zu orientieren. Diese sind gesetzlich primär vorgesehen. Jedoch können mittlerweile auch die weiteren in § 36 Abs. 2 VwVfG genannten Nebenbestimmungen in die jeweilige Erlaubnis unter Umständen eingearbeitet werden. So ist es ebenfalls denkbar, dass bei der Zurschaustellung von Personen gem. § 33a Abs. 1 S. 3 GewO mehrere Bedingungen bestimmt werden, obwohl diese gesetzlich nicht vorgesehen sind.[156] Diese Herangehensweise darf jedoch nicht auf alle anderen genehmigungsbedürftigen Gewerbearten gleichermaßen projiziert werden. So wäre eine Befristung des Pfandleihgewerbes nach § 34 GewO nicht zulässig, da mit der Gewerbeeröffnung hohe Investitionen verbunden sind, die eine solche Nebenbestimmung unzweckmäßig erscheinen lassen würde.[157]

143 Auch die weiteren Nebenbestimmungen aus § 36 Abs. 2 VwVfG, die an dieser Stelle nicht explizit genannt sind, wären nur unter besonderen und engen Voraussetzungen anwendbar.[158]

144 Ob die Behörde die Erlaubnis mit einer Nebenbestimmung versieht, liegt in ihrem Ermessen. Das Ermessen muss sie nach Maßgabe des § 40 VwVfG entsprechend dem Zweck und den gesetzlichen Grenzen pflichtgemäß ausüben. Es darf weder ein Ermessensnichtgebrauch, eine Ermessensüberschreitung noch ein Ermessensfehlgebrauch erkennbar sein.[159] Hier ist insbesondere das Hauptaugenmerk auf den Grundsatz der Verhältnismäßigkeit zu richten, wonach die entsprechende Nebenbestimmung geeignet, erforderlich und angemessen sein muss, um bspw. die Allgemeinheit vor potenziellen Gefahren zu schützen (Anwendung über § 3 Abs. 1 S. 2, 3 NPOG i. V. m. § 4 Abs. 1 u. Abs. 2 NPOG).

145 Sollte die Behörde eine Erlaubnis nachträglich mit einer Nebenbestimmung versehen wollen, so bedarf es einer spezialgesetzlichen Ermächtigung. Der § 36 VwVfG erfasst nur das Hinzufügen von Nebenbestimmungen beim Erlass des Verwaltungsaktes.[160] Bleiben wir beim Beispiel mit der Zurschaustellung von Personen nach § 33a GewO. Wie oben bereits angesprochen, kann die Behörde u. a. die Erlaubnis mit Auflagen versehen (§ 33a Abs. 1 S. 3 GewO). Im gleichen Satz wird sie ferner dazu ermächtigt, nachträglich Auflagen aufzunehmen, zu ändern oder evtl. zu ergänzen. Dies hat lediglich unter denselben Voraussetzungen wie bei Erlaubniserteilung (s. o.) zu geschehen. Die zuständige Behörde hat hier die Möglichkeit, trotz Erlaubniserteilung bei Bedarf aktiv einzugreifen, ohne den gesamten Verwaltungsakt (Erlaubnis) aufzuheben.

146 Nebenbestimmungen, ganz gleich welcher Art, müssen so bestimmt gefasst sein, dass sie auch in einem Vollstreckungsverfahren problemlos durchgesetzt werden können.[161] Sie

[155] Vgl. Ziekow, § 36, Rn. 1.
[156] Vgl. Ennuschat in GewO, § 33a, Rn. 19.
[157] Vgl. Marcks in Landmann/Rohmer, § 34, Rn. 15.
[158] Vgl. Meßerschmidt in GewO, § 34, Rn. 16.
[159] Vgl. Frotscher, § 13, Rn. 405.
[160] Vgl. Ziekow, § 36, Rn. 24.
[161] Vgl. Robinski, S. 126.

sind nach neuester Rechtsprechung des BVerwG grundsätzlich alle belastender Natur und können isoliert angefochten werden.[162] Hinsichtlich eines möglichen Rechtsstreites würde dies bedeuten, dass hier nach § 42 Abs. 1 Alt. 1 VwGO die Anfechtungsklage die richtige Klageart wäre, um die Nebenbestimmung aus der Erlaubnis zu liquidieren.[163]

Nebenbestimmungen spielen somit bei den erlaubnispflichtigen Gewerbearten eine große Rolle und werden in der Praxis bei den zuständigen Behörden häufig verwendet, um so eine bessere Kontrolle der Gewerbetreibenden zu ermöglichen, gleichzeitig aber auch die Allgemeinheit besonders zu schützen. 147

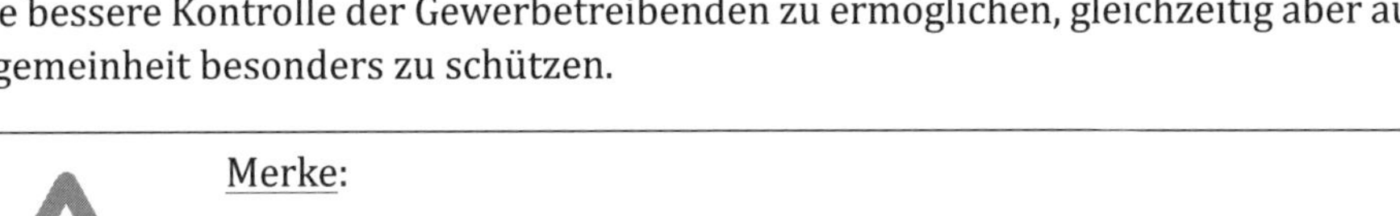

Merke: 148

Eine Gewerbeerlaubnis kann mit Nebenbestimmung versehen werden. Dies ist in einigen Fällen auch notwendig.

4.2.6 ANHÖRUNGSGEBOT BEI ANTRAGSABLEHNUNG/FESTSETZUNG VON NEBENBESTIMMUNGEN

Bei der Antragstellung zwecks Erlaubniserteilung begehrt der potenzielle Gewerbetreibende einem vollumfänglichen Entsprechen seines Antrages. Bei Vorliegen sämtlicher Tatbestandsmerkmale hat er einen Anspruch auf Erteilung der Erlaubnis. Bei Nichtvorliegen der Voraussetzungen hat er entsprechend keinen Anspruch.[164] Sollte nun eine Erteilung der Erlaubnis aus Gründen der Rechtssicherheit nicht erfolgen dürfen, ist strittig, ob vor Erlass des dann folgenden Ablehnungsbescheides eine **Anhörung** nach § 28 Abs. 1 VwVfG durchzuführen ist. Einer Anhörung gem. § 28 Abs. 1 VwVfG bedarf es, wenn die Behörde einen Verwaltungsakt erlassen möchte, der in die Rechte des Beteiligten eingreift, und keine Ausnahme von einer potenziellen Anhörungspflicht nach § 28 Abs. 2 u. Abs. 3 VwVfG besteht. Dass der Ablehnungsbescheid einen Verwaltungsakt im Sinne des § 35 S. 1 VwVfG mit einem Regelungscharakter[165] darstellt (hier darf die begehrte Gewerbetätigkeit nicht ausgeübt werden), ist zu bejahen und nicht weiter zu problematisieren. Auch ist der Antragsteller ein Beteiligter im Sinne des § 13 Abs. 1 Nr. 1 Alt. 1 VwVfG. Kritisch und kontrovers diskutiert ist hingegen die Frage, ob der Ablehnungsbescheid in die Rechte des Beteiligten eingreift. 149

Ein Eingriff in die Rechte liegt vor, wenn sich durch den VA die bisherige Rechtsstellung des Beteiligten nachteilig verändert und sein *status quo* in einen *status quo minus* umgewandelt wird. Dies liegt mithin in den Fällen der klassischen Eingriffsverwaltung vor.[166] Nach Meinung des Schrifttums ist auch in den Fällen der Ablehnung eines Antrages eine Anhörung notwendig und vor Erlass des Bescheides durchzuführen, da das Unterbleiben einer 150

[162] Vgl. BVerwG, Urteil vom 06.11.2019 – BVerwG 8 C 14.18.
[163] Vgl. Ziekow, § 36, Rn. 26, 27.
[164] Siehe Kapitel 5.2.2.1.
[165] Vgl. Maurer, § 9, Rn. 6.
[166] Vgl. Ziekow, § 28, Rn. 3.; siehe BVerwG, Urteil v. 14.10.1982 – 3 C 46.81, NJW 1983, 2044.

Leistung für den Antragsteller ebenso schwerwiegend sein kann wie ein Eingriff.[167] Nach Rechtsprechung des Bundesverwaltungsgerichtes besteht eine **Anhörungspflicht nach § 28 Abs. 1 VwVfG nicht**, *„wenn der Erlass eines Verwaltungsakts abgelehnt wird, der erst eine Rechtsposition gewähren soll“*[168]. Dies wäre im Falle einer abgelehnten Gewerbeerlaubnis der Fall. Auch Ziekow[169] und Herrmann[170] verneinen die Frage, ob eine Anhörungspflicht bei der Ablehnung eines Antrages bestehen würde. Die Auffassung des Bundesverwaltungsgerichtes überzeugt, insbesondere vor dem Hintergrund, dass ein Rechtseingriff erst dann vorliegen kann, wenn ein entsprechendes Recht tatsächlich tangiert ist und nicht nur fiktiv tangiert sein könnte. Außerdem hatte der Antragssteller die Möglichkeit, seine Position und Argumente im Zuge des Antrages vorzutragen und zu begründen. Aus dem Grund ist vor Erlass eines Ablehnungsbescheides in Bezug auf den Antrag auf Erteilung eine Gewerbeerlaubnis keine Anhörung gem. § 28 Abs. 1 VwVfG durchzuführen.

151 Es stellt sich jedoch die Frage, ob vor Erlass einer nicht durch den Antragsteller gewollten Nebenbestimmung nach § 36 VwVfG eine Anhörung zu erfolgen hat. Hier muss grundsätzlich zwischen zwei Fallkonstellationen unterschieden werden. Sollte die Erlaubnis bereits existieren und die Behörde nachträglich Nebenbestimmungen anordnen wollen, so stellt dies unstrittig **einen Rechtseingriff** dar (durch bspw. eine Auflage nach § 36 Abs. 2 Nr. 4 VwVfG, wonach dem Erlaubnisinhaber für die Aufrechterhaltung der Erlaubnis ein Tun abverlangt wird, verändert sich seine Rechtsstellung nachteilig).[171] In dieser Fallkonstellation ist eine Anhörung vor Erlass der Nebenbestimmung gem. § 28 Abs. 1 VwVfG zwingend durchzuführen. Strittig ist hingegen die Frage, ob der Erlass einer begehrten Erlaubnis in Verbindung mit Nebenbestimmungen einen Rechtseingriff darstellt. Die Befürworter einer Anhörungspflicht in dieser Fallkonstellation betrachten die Erlaubnis nicht isoliert von den zu erlassenen Nebenbestimmungen und sehen in dieser Verknüpfung einen Eingriff in die Rechte des Betroffenen und somit einen insgesamt belastenden Verwaltungsakt. Sie führen in diesem Zusammenhang an, dass der Betroffene evtl. einen Anspruch auf eine Erlaubnis ohne die Nebenbestimmungen haben könnte.[172] Der Verwaltungsgerichtshof Baden-Württemberg nimmt in dieser Rechtsstreitigkeit die gegenteilige Position ein und urteilt auf Grundlage des höchstrichterlichen Urteils vom Bundesverwaltungsgericht[173]. Jenes Urteil dürfe man hiernach auch auf die letztgenannte Fallkonstellation anwenden. Erst durch den Erlass der begehrten Erlaubnis könne eine Rechtsposition überhaupt entstehen, welche jedoch von Beginn an eine Einschränkung durch die gleichzeitig erlassene Nebenbestimmung beinhaltet, sodass der Rechtseingriff an dieser Stelle verneint werden dürfe.[174] Auch bei dieser Rechtsstreitigkeit mag die An-

[167] Vgl. Ramsauer in Verwaltungsverfahrensgesetz, § 28 Rn. 26a u. 27; Grünewald in VwVfG, § 28, Rn. 18; Kallerhoff in Stelkens/Bonk, § 28 Rn. 32.

[168] BVerwG, Urteil v. 14.10.1982 – 3 C 46.81, NJW 1983, 2044.

[169] Vgl. Ziekow, § 28, Rn. 3.

[170] Vgl. Herrmann in BeckOK VwVfG, § 28, Rn. 13.

[171] Vgl. Ramsauer in Verwaltungsverfahrensgesetz, § 28, Rn. 26a; siehe BVerwG, Urteil v. 14.10.1982 – 3 C 46.81, NJW 1983, 2044; siehe hierzu auch Kapitel 5.2.2.4.

[172] Siehe Schoch, Jura 2006, 833 (836); vgl. Ramsauer in Verwaltungsverfahrensgesetz, § 28, Rn. 26a; vgl. Kallerhoff in Stelkens/Bonk, § 28, Rn. 12, 13.

[173] BVerwG, Urteil v. 14.10.1982 – 3 C 46.81, NJW 1983, 2044.

[174] VGH Baden-Württemberg, Beschl. v. 26.10.1993 – 14 S 2085/93 (openJur), Rn. 2.

sicht des VGH Baden-Württemberg mehr überzeugen. Trotz eines möglichen Anspruches auf die begehrte Erlaubnis ohne Nebenbestimmung liegt bei der Anordnung ebendieser **kein Rechtseingriff** vor.

4.3 DAS BEWACHUNGSGEWERBE NACH § 34A GEWO

Das Bewachungsgewerbe ist eines der ältesten erlaubnispflichtigen Gewerbearten in Deutschland. Bereits im Jahr 1927 wurde es erstmalig gesetzlich normiert[175] und im Laufe der folgenden Jahre und Jahrzehnte an die gesellschaftlichen Gegebenheiten und Entwicklungen stetig angepasst und erweitert. Insbesondere haben sich die notwendigen persönlichen Anforderungen an die Betreiber eines solchen Bewachungsgewerbes kontinuierlich verschärft. Im Folgenden wird nun die Komplexität der Norm entschlüsselt und damit die Thematik verständlich aufgezeigt. 152

4.3.1 ANWENDUNGSBEREICH DES BEWACHUNGSGEWERBES

Das Bewachungsgewerbe findet grundsätzlich nur für das stehende Gewerbe Anwendung.[176] 153
Bei genauerer Betrachtung des Reisegewerbes aus § 55 ff. GewO lässt sich aber ableiten, dass das Bewachungsgewerbe auch im Reisegewerbe betrieben werden kann. Es findet zwar keine direkte Erwähnung, jedoch bedarf es einer Reisegewerbekarte gem. § 55a Abs. 1 Nr. 7 GewO nicht, wenn der Gewerbetreibende über die für ein erlaubnispflichtiges Gewerbe notwendige Zuverlässigkeit verfügt und auch die Erlaubnis besitzt. Hieraus lässt sich indirekt herleiten, dass sämtliche erlaubnispflichtige Gewerbe, in denen der Gewerbetreibende eine entsprechende Zuverlässigkeit besitzen muss, auch im Reisegewerbe nach § 55 ff. GewO betrieben werden können unter der Beachtung der dort genannten Voraussetzungen.[177]

Ähnlich verhält es sich bei einer Bewachungstätigkeit im Zusammenhang mit der Durchführung eines Marktverkehrs. In § 70a Abs. 2 GewO wird konkret Bezug zum Bewachungsgewerbe genommen und auf die Regelungen aus § 34a GewO verwiesen und somit ermöglicht, dass das Gewerbe auch im Marktverkehr betrieben werden kann. 154

4.3.2 BEGRIFF DES BEWACHUNGSGEWERBES

Bewachung im Sinne des § 34a GewO ist gem. Nr. 1.1 BewachVwV die auf den Schutz des Lebens oder Eigentums fremder Personen vor Eingriffen Dritter gerichtete Tätigkeit. Die Schutzgüter des Bewachungsgewerbes müssen aber noch weiter gefasst werden. Neben 155

[175] Gesetz zur Abänderung der Gewerbeordnung, RGBl. 1927, I 57.
[176] Vgl. Ennuschat in Tettinger/Wank, § 34a, Rn. 8.
[177] Siehe hierzu Kapitel 5.

dem Leben und Eigentum werden auch Leib, Freiheit und Besitz durch das Bewachungsgewerbe „beschützt". [178]

156 Maßgeblicher Bestandteil der Bewachungstätigkeit ist die sog. **aktive Obhutstätigkeit** gem. Nr. 1.3 BewachVwV. Die Obhutstätigkeit untergliedert sich in zwei Aspekte. Zum einen bedarf es der **personellen Obhut** und zum anderen ist eine **tätige Obhut** notwendig.

157 Unter der **personellen Obhut** versteht man, dass die Bewachungstätigkeit von Menschen ausgeführt werden muss.[179] Im Umkehrschluss bedeutet dies, dass eine rein technische Sicherungsmaßnahme ohne menschliche Kontrolle oder Eingriffsmöglichkeit (bspw. Drehkreuz für eine Einlasskontrolle von Fahrkarten) oder aber ein Bankschließfach das Merkmal der personellen Obhut nicht erfüllt.

158 Die **tätige Obhut** verlangt eine aktive Tätigkeit. Aktiv wird die Tätigkeit erst dann, wenn die Beaufsichtigung von einer gewissen Dauer geprägt ist und in kurzen Zeitabständen erfolgt. Die Anforderungen an das Merkmal sind relativ hoch auszulegen. An der tätigen Obhut fehlt es als Beispiel bei den sog. *„Haushüter-Agenturen"*, die bei Abwesenheit der Hausbewohner den Briefkasten entleeren bzw. die Jalousien öffnen und am Abend wieder schließen. Auch die Mitarbeiter einer *„Homesitting-Agentur"*, die die Häuser und Wohnungen in der Abwesenheit der Eigentürmer vollständig bewohnen und pflegen, führen keine tätige Obhut aus. Ein privater Sicherheitsdienst, der in Straßen oder evtl. in einem Wohnviertel regelmäßig patrouilliert, wird hingegen mit der notwendigen aktiven Intention ausgeübt.[180]

159 Ein weiterer wichtiger Bestandteil der Bewachung ist das Merkmal des **Schutzes**. Mit diesem und keinem anderen Ziel muss die Bewachung erfolgen.[181] Mithilfe des Merkmals Schutz kann eine Abgrenzung zu anderen Tätigkeiten mit ähnlicher Aufgabenstruktur erfolgen. Detekteien nach § 38 Abs. 1 Nr. 2 GewO werden bspw. nur ermittelnd und recherchierend tätig, was eine *Überwachung* darstellt, jedoch keine *Bewachung*. Ähnlich verhält es sich bei Pflegediensten, Rettungsdiensten oder anderen Servicedienstleistern wie z. B. Aufzugnotdiensten.[182] All diese Berufsgruppen verfolgen zwar den Schutz des Lebens oder Eigentums fremder Personen. Dies erfolgt jedoch immer nur durch eine *passive* Aufgabenwahrnehmung (im Falle eines Notfalls), nicht jedoch durch eine *aktive* Aufgabenwahrnehmung (um einem potenziellen Notfall präventiv entgegenzuwirken).

160 Die Bewachungstätigkeit dient ferner dazu, eine **Gefahr** abzuwehren.[183] Auf die Begrifflichkeit der Gefahr wird hier nicht weiter eingegangen, sondern auf die landesrechtlichen Vorschriften des NPOG, § 2 NPOG, sowie die dazugehörenden Lehrbücher und Kommentare verwiesen. Es ist unstrittig, dass die Bewachungstätigkeit die objektive Rechtsordnung und/ oder die subjektiven Rechte und Individualrechtsgüter beschützen soll. Auch der Schutz

[178] Vgl. Jungk in GewO, § 34a, Rn. 4.
[179] Vgl. Schönleiter in Handbuch, E. I., Rn. 17.
[180] Vgl. Marcks in Landmann/Rohmer, § 34a, Rn. 6.
[181] Vgl. Jungk in GewO, §34a, Rn. 9.
[182] Vgl. 1.5 BewachVwV.
[183] Vgl. Jungk in GewO, §34a, Rn. 10.

der Einrichtungen des Staates sowie seiner Veranstaltungen kann und soll ggf. durch die Bewachungstätigkeit umfasst sein.

Das letzte Merkmal, das die Bewachungstätigkeit charakterisiert, ist das negative Abgrenzungskriterium der **Nebenpflicht**. Die Bewachung muss eine tätigkeitsprägende Hauptpflicht des Vertragsverhältnisses sein. Dies ist regelmäßig dann nicht gegeben, wenn es sich lediglich um eine Nebenpflicht handelt, bspw. bei der Theatergarderobe oder der Bereitstellung von Parkplätzen für Hotelgäste.[184] Die Bewachungstätigkeit darf nur mit dem Ziel der Bewachung ausgeübt werden. 161

Die oben erarbeiteten Merkmale zeigen, dass die Anforderungen an das Vorliegen eines Bewachungsgewerbes relativ hoch sind. Dies hat u. a. den Grund, dass die Erlaubnispflicht unter Berücksichtigung der Berufsfreiheit aus Art. 12 Abs. 1 GG i. V. m. der Gewerbefreiheit aus § 1 Abs. 1 GewO nicht beliebig weit gefasst werden darf. Die entscheidenden Merkmale, die definieren, ob eine Erlaubnispflicht oder Erlaubnisfreiheit vorliegt, sind regelmäßig die **tätige Obhut** und die aktive Wahrnehmung des **Schutzes**. 162

163

personelle Obhut

keine Nebenpflicht

Bewachungsgewerbe
§ 34a GewO

tätige Obhut

Gefahrenabwehr

Schutz

Bewachungsgewerbe

4.3.3 BEHÖRDLICHE ZUSTÄNDIGKEIT FÜR DAS BEWACHUNGSGEWERBE

Gemäß § 155 Abs. 2 GewO sind die Bundesländer zum Erlass eigener Rechtsverordnungen zur Bestimmung der zuständigen Behörden ermächtigt, sofern keine spezielle Regelung in der Gewerbeordnung existiert. Für das Bewachungsgewerbe fehlt eine spezielle Regelung. 164

In Niedersachsen ist daher die sachliche Zuständigkeit auf dem Gebiet des Wirtschaftsrechts in der Zust-VO-Wirtschaft geregelt. Entsprechend § 1 Abs. 1 S. 1 i. V. m. lfd. Nr. 1 der Anlage zur ZustVO-Wirtschaft sind für den Vollzug des Bewachungsgewerbes nach § 34a 165

[184] Vgl. Jungk in GewO, §34a, Rn. 12.

GewO **sachlich** die Landkreise, kreisfreien Städte, großen selbstständigen Städte und selbstständigen Gemeinden zuständig. Regelungen zur **örtlichen** Zuständigkeit finden sich in § 1 BewachV. Für die Erlaubniserteilung und den weiteren Vollzug der Regelungen für Gewerbetreibende bzw. Leitungspersonal ist gem. § 1 Abs. 1 BewachV die Behörde zuständig, in deren Bezirk sich der Betrieb bzw. die Hauptniederlassung befindet. Der Vollzug der Regelungen, welche die Wachpersonen betreffen, erfolgt gem. § 1 Abs. 2 S. 1 BewachV, § 34a Abs. 1a S. 3 GewO durch die Behörde, in deren Bereich sich der Hauptwohnsitz der jeweiligen Person befindet. Ist die Wachperson gleichzeitig Gewerbetreibender bzw. Leitungsbeauftragter, so liegt die Zuständigkeit gem. § 1 Abs. 2 S. 2 BewachV bei der Behörde, welche generell für den Gewerbetreibenden bzw. Leitungsbeauftragten zuständig ist. Besitzt die Wachperson keinen Hauptwohnsitz in Deutschland, ist nach § 1 Abs. 2 S. 3 BewachV, § 34a Abs. 1a S. 4 GewO die Behörde zuständig, in deren Bezirk der Betriebssitz des Gewerbetreibenden liegt, der die Wachperson zuerst anmeldet. Die Untersagung von unzuverlässigen Personen nach § 34a Abs. 4 GewO vollzieht gem. § 1 Abs. 3 BewachV die Behörde, die auch für den Gewerbetreibenden bzw. das Leitungspersonal zuständig ist.

4.3.4 VORAUSSETZUNGEN FÜR DIE ERTEILUNG DER BEWACHUNGSERLAUBNIS

166 Wie bereits im Kapitel 4.2.2 näher erläutert, stellt die Erlaubnis einen rechtsgestaltenden Verwaltungsakt im Sinne des § 35 S. 1 VwVfG dar, der eine begünstigende Wirkung entfaltet. Im Falle des Vorliegens sämtlicher Anspruchsvoraussetzungen hat der Antragsteller einen Rechtsanspruch auf die Erteilung der Bewachungsgewerbeerlaubnis. Der Gesetzgeber hat im Laufe der Jahre die Anforderungen stetig erhöht. Im Zuge des Anstieges von Asylsuchenden in Europa ab dem Jahr 2014 wurden viele der Schutzsuchenden in Flüchtlingsheimen untergebracht. In zahlreichen Fällen kam es zu Übergriffen und Straftaten, verübt durch das dort arbeitende Wachpersonal. Bei den Ermittlungen zu den Straftaten stellte sich heraus, dass das angestellte Wachpersonal teilweise nicht über die notwendige Zuverlässigkeit verfügte. In diesem Zusammenhang hat der Gesetzgeber mit der Novellierung der Gewerbeordnung im Jahre 2016 die Anforderungen an das Wachpersonal nochmals intensiv überarbeitet und an die aktuelle politische Lage angepasst. Die bis dahin klar erkennbare Abstufung der Anforderungen zwischen dem Bewachungsgewerbeinhaber und dem für das Bewachungsgewerbe angestellten Wachpersonal wurden deutlich minimiert. Im Folgenden werden die Voraussetzungen zum Betreiben eines Bewachungsgewerbes näher betrachtet und im Anschluss die Anforderungen an das in dem Bewachungsgewerbe als Wachpersonal beschäftigte Personal untersucht.

4.3.4.1 Anforderungen an den Gewerbetreibenden

167 Für die Erteilung der begehrten Erlaubnis stellt der § 34a Abs. 1 S. 3 GewO zahlreiche Anforderungen an den Gewerbetreibenden, die allesamt verhindern sollen, dass zukünftig ungeeignete Gewerbetreibende das sensible Bewachungsgewerbe ausüben. Aufgrund dessen, dass die Norm Versagungsgründe („Die Erlaubnis ist zu versagen, wenn [...]“) beinhaltet, muss sie für die Erlaubniserteilung im Umkehrschluss interpretiert werden. Die Voraussetzungen sind kumulativ zu verstehen und müssen vollumfänglich erfüllt sein.

Dies bedeutet, dass bei Nichtvorliegen einer der Versagungsgründe die Voraussetzungen für das Betreiben des Bewachungsgewerbes erfüllt sind.

Der Gewerbetreibende muss primär gem. § 34a Abs. 1 S. 3 Nr. 1 GewO die **notwendige Zuverlässigkeit** besitzen. Der Gesetzgeber hat hierzu im § 34a Abs. 1 S. 4 GewO einen Katalog aufgestellt, aus dem sich ergibt, wann der Gewerbetreibende die notwendige Zuverlässigkeit in der Regel nicht besitzt. Dies liegt insbesondere vor, wenn der Gewerbetreibende bspw. in einer verfassungsfeindlichen Organisation tätig ist bzw. in der Vergangenheit war. Bei genauer Betrachtung soll verhindert werden, dass extremistische Personen (links- wie auch rechtsextremistisch) Zugang zu sensiblen Bereichen erhalten. Außerdem ist es Personen mit Vorstrafen in Bezug auf Leben, Gesundheit oder Freiheit mit mind. 90 Tagessätzen oder zwei geringeren Sätzen nach § 34a Abs. 1 S. 4 Nr. 4 GewO auch nicht möglich, das Bewachungsgewerbe zu betreiben, wenn die Straftaten weniger als fünf Jahre zurückliegen. Auch diese Norm erscheint bei Durchsicht der genannten Straftaten mehr als sinnvoll und notwendig. Einem verurteilten Dieb oder Hehler kann man kein Vertrauen hinsichtlich der Bewachung fremden Eigentums entgegenbringen. 168

Grundsätzlich sind für die Zuverlässigkeit die bekannten und allgemeinen Grundsätze heranzuziehen. Hiernach ist jemand in Bezug auf ein Gewerbe unzuverlässig, wenn er nicht die Gewähr dafür bietet, dass er sein Gewerbe zukünftig ordnungsgemäß ausüben wird.[185] Bei dem Grundsatz liegt das Hauptaugenmerk auf dem „nicht ordnungsgemäß". Nicht ordnungsgemäß agiert eine Person, „die nicht willens oder nicht in der Lage ist, die im öffentlichen Interesse zu fordernde einwandfreie Führung ihres Gewerbes zu gewährleisten"[186]. Unter dem Begriff des öffentlichen Interesses ist dann auch die Gesamtheit der Rechtsordnung zu verstehen. Bei Betrachtung dieses Aspektes erscheint der vom Gesetzgeber definierte Unzuverlässigkeitskatalog aus § 34a Abs. 1 S. 4 GewO sinnvoll. Um die Zuverlässigkeit des Gewerbetreibenden zu überprüfen und zu dokumentieren, muss die Behörde gem. § 34a Abs. 1 S. 5 GewO unterschiedliche Auskünfte einholen. Hierzu gehört u. a. ein *Auszug aus dem Gewerbezentralregister* nach § 150a Abs. 1 Nr. 2a GewO, § 149 Abs. 2 Nr. 1a GewO i. V. m. Nr. 2.1.2. b BewachVwV sowie eine *Auskunft aus dem Bundeszentralregister* nach § 41 Abs. 1 Nr. 9 BZRG. 169

Sollte die Zuverlässigkeit des (potenziellen) Gewerbetreibenden nicht gewährleistet sein, ist der Antrag abzulehnen. Die Behörde ist nach § 34a Abs. 1 S. 10 GewO verpflichtet, die Zuverlässigkeit des Gewerbetreibenden regelmäßig zu überprüfen. Die Überprüfung hat spätestens nach fünf Jahren zu erfolgen. Außerdem sind Staatsanwaltschaften und Gerichte verpflichtet, bestimmte Informationen aus Strafsachen im Zusammenhang mit dem Bewachungsunternehmen an die jeweiligen zuständigen Behörden weiterzuleiten. 170

Neben der notwendigen Zuverlässigkeit muss der Antragsteller **geordnete Vermögensverhältnisse** gem. § 34a Abs. 1 S. 3 Nr. 2 GewO nachweisen können. Wann der Antragsteller in *ungeordneten Vermögensverhältnissen* lebt, ist unter der lfd. Nr. 2.2.2 BewachVwV aufgelis- 171

[185] Vgl. Marcks in Landmann/Rohmer, § 35, Rn. 29; vgl. Brüning in GewO, § 35, Rn. 19; BVerwG, Urteil v. 19.03.1970, GewA 1971, 200 (201).

[186] Vgl. Marcks in Landmann/Rohmer, § 35, Rn. 29.

tet. Dies ist regelmäßig der Fall, wenn der Antragsteller sich in einem Insolvenzverfahren befindet oder vom Vollstreckungsgericht im Schuldnerverzeichnis eingetragen worden ist. Die zuständige Behörde kann zur Überprüfung der Vermögensverhältnisse u. a. eine Bescheinigung des Finanzamtes einholen oder eine Überprüfung des Schuldnerverzeichnisses durchführen.

172 Ferner muss der Antragsteller die **notwendige Sachkunde** gem. § 34a Abs. 1 S. 3 Nr. 3 GewO besitzen, um das Bewachungsgewerbe ordnungsgemäß ausüben zu können. Ziel der Unterrichtung und der Sachkundeprüfung nach § 9 Abs. 1 BewachV ist es, dass der Antragsteller die mit den Bewachungsaufgaben erforderlichen Rechte und Pflichten sowie den damit verbundenen Befugnissen und deren praktischer Anwendung vertraut gemacht wird.[187] Die Unterrichtung wird gem. § 5 BewachV in 40 Unterrichtsstunden (§ 6 Abs. 1 BewachV) durch die Industrie- und Handelskammer durchgeführt. Die Inhalte der Unterrichtung sind vom Gesetzgeber vorgegeben und beinhalten gem. § 9 Abs. 2 BewachV die nach § 7 BewachV i. V. m. Anlage 2 der BewachV aufgeführten (Rechts-)Gebiete:

1. *das Recht der öffentlichen Sicherheit und Ordnung einschließlich Gewerberecht,*
2. *das Datenschutzrecht,*
3. *das Bürgerliche Gesetzbuch,*
4. *das Straf- und Strafverfahrensrecht, den Umgang mit Waffen,*
5. *die Unfallverhütungsvorschrift Wach- und Sicherungsdienste,*
6. *den Umgang mit Menschen, insbesondere Verhalten in Gefahrensituationen, Deeskalationstechniken in Konfliktsituationen sowie interkulturelle Kompetenz unter besonderer Beachtung von Diversität und gesellschaftlicher Vielfalt und*
7. *die Grundzüge der Sicherheitstechnik.*[188]

173 Die Inhalte sind in der Anlage 2 zur BewachV final definiert. Nach erfolgter Unterrichtung wird die notwendige Sachkundeprüfung durch die Industrie- und Handelskammer abgenommen. Die Prüfung ist entweder vom Antragsteller selbst oder von der leistungsbeauftragten Person abzulegen. Die Prüfung untergliedert sich in einen mündlichen und einen schriftlichen Teil.[189]

174 Als letzte notwendige Anforderung an den Antragsteller wird verlangt, dass er gem. § 34a Abs. 1 S. 3 Nr. 4 GewO einen Nachweis über die **Haftpflichtversicherung** vorweisen kann. Die Anforderungen an die Haftpflichtversicherung sind in § 14 BewachV festgelegt.

---

[187] § 4 BewachV.
[188] § 7 BewachV.
[189] §§ 10, 11 BewachV.

Merke: 175

Der Antragsteller muss für die Erteilung der Erlaubnis gem. § 34a Abs. 1 S. 3 GewO **zuverlässig** sein, in **geordneten Vermögensverhältnissen** leben, die erforderliche **Sachkunde** nachweisen und eine **Haftpflichtversicherung** besitzen.

4.3.4.2 Anforderungen an das Personal des Gewerbetreibenden

Mit der Novellierung des Bewachungsgewerbes wurden die Anforderungen an das Wachpersonal klar definiert und deutlich verschärft. Gemäß § 34a Abs. 1a S. 1 GewO muss das Wachpersonal ähnlich wie der Betreiber des Bewachungsgewerbes die **notwendige Zuverlässigkeit** nachweisen können sowie eine **Unterrichtung** durch die Industrie- und Handelskammer erfahren haben. Hinsichtlich der notwendigen Zuverlässigkeit (gem. § 34a Abs. 1a S. 1 Nr. 1 GewO) des Wachpersonals verweist § 34a Abs. 1a S. 6 GewO auf den § 34a Abs. 1 S. 4 GewO, wo geregelt ist, wann der Gewerbetreibende in der Regel die Zuverlässigkeit nicht besitzt. Diese Unzuverlässigkeitsmerkmale gelten vollumfänglich auch für das Wachpersonal. 176

Hiernach ist das Wachpersonal **nicht zuverlässig**, wenn es u. a. Mitglied in einem verbotenen Verein oder in einer verfassungswidrigen Partei war oder wenn er wegen bestimmter Straftaten oder Vergehen verurteilt wurde. Zur Überprüfung der Zuverlässigkeit holt die Behörde mindestens eine Auskunft nach § 41 Abs. 1 Nr. 9 BZRG sowie eine Stellungnahme der Polizeibehörde ein, in deren Bezirk das zukünftige Wachpersonal ansässig ist.[190] Im Weiteren wird hinsichtlich des Tatbestandsmerkmals „notwendige Zuverlässigkeit" auf Unterkapitel 4.1 verwiesen. 177

Außerdem muss das Wachpersonal eine **Unterrichtung** erfahren haben. Diese wird ähnlich wie bei dem Gewerbetreibenden durch die Industrie- und Handelskammer durchgeführt. Ist die künftige Wachperson in einem der in § 34a Abs. 1a S. 2 Nr. 1–5 GewO aufgezählten Aufgabenbereiche tätig, ist statt des Unterrichtungsnachweises eine bestandene *Sachkundeprüfung* erforderlich. Dies ist z. B. bei Kontrollgängen im öffentlichen Verkehrsraum nach § 34a Abs. 1a S. 2 Nr. 1 GewO der Fall. Hinsichtlich der Inhalte der Unterrichtung, der Unterrichtsdauer, der Form der Prüfung sowie der Sachkundeprüfung im Allgemeinen wird auf das Unterkapitel 4.1 verwiesen. Diese sind deckungsgleich mit den Anforderungen an den Gewerbetreibenden. 178

Nur bei Vorliegen des Nachweises über die Unterrichtung sowie ggf. der bestandenen Sachkundeprüfung und der erforderlichen Zuverlässigkeit darf das Wachpersonal im Bewachungsgewerbe tätig sein. 179

[190] Vgl. Jungk in GewO, § 34a, Rn. 41.

180 

Merke:

Das Wachpersonal muss gem. § 34a Abs. 1a S. 1 GewO **zuverlässig** sein sowie eine **Unterrichtung** durch die IHK durchlaufen haben und ggf. auch die erforderliche **Sachkunde** nachweisen.

4.3.5 DAS BEWACHERREGISTER NACH § 11b GewO

181 Neben der Novellierung des Bewachungsgewerbes wurde zusätzlich ein sog. **Bewacherregister** geschaffen. Dieses soll den Behörden helfen, die Vorgaben aus § 34a GewO zu vollziehen. Es beinhaltet sämtliche relevante Daten zum Bewachungsgewerbeinhaber sowie zu dem jeweils angestellten Wachpersonal. Insbesondere sollen Informationen zu der *Erlaubnis*, zu den *Berufsnachweisen* und zur *Zuverlässigkeit* gespeichert und durch die vorhandenen Schnittstellen zur *DIHK* und zum *Verfassungsschutz* ein schneller und unbürokratischer Austausch der Behörden stattfinden, um so schnell und effektiv bei Problemen eingreifen und tätig werden zu können.[191]

4.3.6 DIE UNTERSAGUNG DER BESCHÄFTIGUNG VON WACHPERSONAL NACH § 34a ABS. 4 GewO

182 Sollte eine der beiden Anforderungen nach § 34a Abs. 1a S. 1 GewO, speziell die der Zuverlässigkeit bei Personen, die Bewachungsaufgaben wahrnehmen, nicht vorliegen, so kann die Behörde dem Gewerbetreibenden gem. § 34a Abs. 4 GewO die Beschäftigung der betreffenden Person untersagen. Die Person muss jedoch ausschließlich Bewachungsaufgaben wahrnehmen und beispielsweise nicht im Innendienst (Büroarbeiten oder Ähnliches) beschäftigt sein.[192] Ferner ist das Beschäftigungsverbot nur auf die Tätigkeit des Bewachens reduziert. So ist es dem Gewerbeinhaber durchaus erlaubt, die betroffene Person zukünftig im Innendienst zu beschäftigen. Eine (außerordentliche) Kündigung im Falle der fehlenden Zuverlässigkeit ist somit nicht zwangsläufig notwendig und würde auch einen zu großen Eingriff in die Berufsfreiheit nach Art. 12 Abs. 1 GG darstellen.

183 Die Beschäftigungsuntersagung zielt primär auf die fehlende Zuverlässigkeit des Wachpersonals ab. Das Fehlen der Unterrichtung darf nicht automatisch eine Untersagung nach sich ziehen. Hier soll die Behörde den Verstoß als Ordnungswidrigkeit nach § 16 Abs. 1 Nr. 3 BewachV ahnden. Bei einer Häufung der Verfehlungen in Bezug auf das Wachpersonal hat die Behörde die Befugnis, an der Zuverlässigkeit des Gewerbetreibenden im Allgemeinen zu zweifeln und entsprechende Maßnahmen einzuleiten.[193]

---

[191] Vgl. Stober, S. 36, Rn. 119.

[192] Vgl. Marcks in Landmann/Rohmer, § 34a, Rn. 45.

[193] Vgl. Marcks in Landmann/Rohmer, § 34a, Rn. 46.

Vertiefungshinweise

Miller, Matthias, Bewachungsgewerbe auf dem Prüfstand, NVwZ 22/2019, 1637 ff.

Schacks, Nils, Die Home-Sitterin, JA 2018, S. 687 ff.

4.4 AUFHEBUNG DER BEWACHUNGSGEWERBEERLAUBNIS

Wie bereits im Kapitel 4.1 erarbeitet, stellt die Bewachungsgewerbeerlaubnis einen 184
Verwaltungsakt im Sinne des § 35 S. 1 VwVfG dar. Mit Bekanntgabe der Erlaubnis an den Adressaten (Gewerbetreibenden) trat die Wirksamkeit des Verwaltungsaktes nach § 43 Abs. 1 VwVfG ein. Mit der Erlaubniserteilung sollte eine dauerhaft gültige Regelung erzielt bzw. erwirkt werden. Jedoch ist es unmöglich, für eine Verwaltungsbehörde sämtliche potenzielle und zukünftige Ereignisse zu erahnen bzw. in die Entscheidungsfindung einfließen zu lassen. So wäre es nicht im Sinne des Prinzips der Gesetzmäßigkeit aus Art. 20 Abs. 3 GG, rechtswidrige oder nicht mehr hinnehmbare Verwaltungsakte aufrechtzuerhalten. Aus diesem Grund hat der Gesetzgeber Rechtsgrundlagen geschaffen, um Verwaltungsakte nachträglich für die Zukunft und für die Vergangenheit ganz oder teilweise aufzuheben, auch nachdem sie Bestandskraft erlangt haben. Somit ist die Aufhebung einer Bewachungsgewerbeerlaubnis ebenfalls möglich. Im Folgenden wird betrachtet, unter welchen Voraussetzungen eine Aufhebung erfolgen kann bzw. darf. Die Bewachungsgewerbeerlaubnis wird hier als Beispiel verwendet, darf jedoch als *„Platzhalter"* für alle weiteren erlaubnispflichtigen Gewerbearten im stehenden Gewerbe angesehen werden. Die Regelungen gelten entsprechend. Aufgrund der praktischen Relevanz wird der Fokus auf die spezielle Form der Aufhebung, den Widerruf, gelegt. Dies ist vor dem Hintergrund, dass das vorliegende Werk lediglich eine Spezialisierung auf das Gewerberecht zum Thema hat, notwendig, soll aber auch verdeutlichen, dass eine insgesamt allgemeinverwaltungsrechtliche Betrachtung der Aufhebungsvorschriften deutlich umfangreicher wäre. Daher wird an dieser Stelle auf verwaltungsrechtliche (allgemeiner Teil) Lehrbücher hingewiesen.

4.4.1 VORRANG VON SPEZIALVORSCHRIFTEN

Entsprechend des Grundsatzes *lex specialis derogat legi generali* (Subsidiaritätsgrundsatz) 185
ist bei der Suche nach einer Ermächtigungsgrundlage zur Aufhebung der Bewachungsgewerbeerlaubnis erst ein Blick in das Spezialgesetz, hier Gewerbeordnung, notwendig. Die Gewerbeordnung enthält jedoch keine geeignete Aufhebungsvorschrift. Aus diesem Grund findet das allgemeine Verwaltungsverfahrensgesetz Anwendung. Das Verwaltungsverfahrensgesetz verfügt über zwei Aufhebungsvorschriften, namentlich die Rücknahme nach § 48 VwVfG und der Widerruf nach § 49 VwVfG.

186 Bei der Frage, welche der beiden Normen Anwendung findet, ist prinzipiell erst mal nur ein Blick auf die Rechtmäßigkeit der Bewachungsgewerbeerlaubnis zu werfen. Die Rücknahme nach § 48 VwVfG verlangt einen rechtswidrig erlassenen Verwaltungsakt, wohingegen für den Widerruf nach § 49 VwVfG ein rechtmäßig erlassener Verwaltungsakt notwendig ist, der im Nachhinein (sprich nach dem Erlass) durch unterschiedliche Konstellationen rechtswidrig geworden und das Aufrechterhalten dieses nicht hinnehmbar ist. Innerhalb der jeweils gewählten Aufhebungsvorschrift wird dann zwischen einem begünstigenden und belastenden Verwaltungsakt unterschieden.

187 Die folgende Grafik schafft für die Frage nach der richtigen Aufhebungsvorschrift einen kurzen Überblick.

188

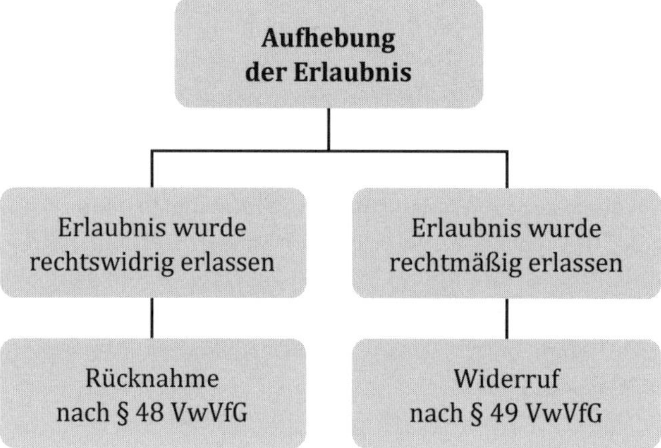

Aufhebung einer Erlaubnis – Unterscheidung der Aufhebungsformen

Vertiefungshinweis

Haurand, Günter, Schaubilder und Prüfungsschemata zur Aufhebung von Verwaltungsakten nach Verwaltungsverfahrensrecht, DVP 5/14, S. 179 ff.

4.4.1 RÜCKNAHME EINER BEWACHUNGSGEWERBEERLAUBNIS NACH § 48 VwVfG

189 Ein rechtswidrig erteilter Verwaltungsakt kann auch, nachdem er unanfechtbar geworden ist, ganz oder teilweise mit Wirkung für die Zukunft oder Vergangenheit zurückgenommen werden. Die Rücknahme kann ohne Vorliegen eines besonderen Grundes erfolgen. Auf Basis des Grundsatzes der Gesetzmäßigkeit aus Art. 20 Abs. 3 GG ist schon alleine die vorhandene Rechtswidrigkeit des Verwaltungsaktes der Rechtfertigungsgrund für die Rücknahme.[194]

[194] Vgl. Peine, § 15, Rn. 606.

Da die Rücknahme sich mit rechtswidrigen Verwaltungsakten (bei Erlass) beschäftigt, wird auf Grundlage der tendenziell geringen Praxisrelevanz dieses Werk nur einen kurzen Einblick in die Vorschrift gewähren. Für ein tiefergreifendes Verständnis wird auf die weiterführende Literatur direkt unter diesem Kapitel verwiesen. 190

Das folgende Beispiel soll zur Veranschaulichung der Rücknahmevorschrift dienen:

Beispiel: 191

Der Bürger B hat bei der Antragstellung zur Erteilung der Bewachungsgewerbeerlaubnis einen gefälschten Sachkundenachweis der IHK eingereicht, aus dem hervorgeht, dass er die Prüfung bestanden hätte. Der Landkreis X als zuständige Behörde hat keinen Verdacht geschöpft und erteilt ihm kurz darauf die Bewachungsgewerbeerlaubnis, da auch die anderen geforderten Parameter erfüllt waren. Einige Monate später ist dem handelnden Sachbearbeiter aufgefallen, dass die Sachkundebescheinigung eine Fälschung darstellen könnte. Die Nachfrage bei der IHK bestätigte seine Vermutung. Der Bürger B hat die besagte Sachkundeprüfung nicht bestanden. Eine Erlaubniserteilung war somit per se ausgeschlossen.

Im Ergebnis übt der Bürger nun auf Grundlage einer gefälschten Bescheinigung ein sensibles Gewerbe aus, was er eigentlich nicht hätte ausüben dürfen. 192

Die Bewachungsgewerbeerlaubnis stellt einen Verwaltungsakt im Sinne des § 35 S. 1 VwVfG dar, und da die Gewerbeordnung keine speziellen Aufhebungsvorschriften beinhaltet, greifen die Aufhebungsvorschriften des Verwaltungsverfahrensgesetzes. Der Bürger hat lediglich aufgrund einer gefälschten Bescheinigung die gewünschte Erlaubnis erhalten. Ohne diese Bescheinigung hätte der zuständige Mitarbeiter die Erlaubnis nicht erteilt. Somit war die Erlaubniserteilung von Beginn an rechtswidrig und zur Aufhebung dieser ist eine Rücknahme nach § 48 VwVfG notwendig. 193

Die Bewachungsgewerbeerlaubnis ist ein begünstigender Verwaltungsakt (§ 48 Abs. 1 S. 2 VwVfG) und kann unter den Voraussetzungen der Abs. 2–4 zurückgenommen werden. 194

Die Rücknahmeeinschränkungen aus § 48 Abs. 2 VwVfG sind bei dieser Fallkonstellation nicht weiter zu berücksichtigen. Der § 48 Abs. 2 VwVfG betrifft die rechtswidrigen Verwaltungsakte, die einmalige oder laufende Geldleistungen oder teilbare Sachleistungen gewährt haben. Geldleistungen umfassen beispielsweise Subventionen oder Beihilfen[195] und Sachleistungen alle körperlichen Gegenstände[196] im Sinne des § 90 BGB. Die Bewachungsgewerbeerlaubnis stellt weder eine Geldleistung noch eine Sachleistung dar. 195

[195] Vgl. Decker in Studienkommentar, § 48 VwVfG, Rn. 24.

[196] Vgl. Peine, § 15, Rn. 611.

196 Die Gewerbeerlaubnis fällt somit unter die Voraussetzungen des § 48 Abs. 3 VwVfG. Auch hier hat der Gesetzgeber explizit das schutzwürdige Vertrauen seitens des Inhabers der Erlaubnis vorgesehen (§ 48 Abs. 3 S. 1 und 2 VwVfG). Es gibt jedoch einen erheblichen Unterschied zum Vertrauen bei Geld- und Sachleistungen nach § 48 Abs. 2 VwVfG. Ist das Vertrauen bei Abs. 2 nachgewiesen, darf der Verwaltungsakt nicht zurückgenommen werden, bei den Fällen des Abs. 3, sprich auch bei der Rücknahme der Bewachungsgewerbeerlaubnis, ist dies weiterhin möglich, nur muss dem Betroffenen ggf. der Vermögensnachteil auf Antrag entschädigt werden.[197] Es stellt sich somit die Frage, ob der Betroffene auf den Bestand der Bewachungsgewerbeerlaubnis vertrauen konnte. Überwiegt die Verantwortung der Behörde, ist eine Entschädigung des Betroffenen auf Antrag zu vollziehen. Überwiegt hingegen die Mitschuld des Betroffenen, erfolgt die Rücknahme ohne Entschädigung.[198]

197 Auf Vertrauen kann sich der Betroffene nicht berufen, wenn er gem. § 48 Abs. 2 S. 3 Nr. 1 VwVfG den Verwaltungsakt durch arglistige Täuschung erwirkt hat. Eine arglistige Täuschung liegt vor, wenn der Betroffene u. a. durch unrichtige Angaben einen Irrtum des Behördenmitarbeiters hervorruft, um eine für ihn günstige Entscheidung zu beeinflussen.[199]

198 Im vorliegenden Fall hat der Betroffene die Sachkundeprüfung nicht bestanden. Durch die Fälschung der Bescheinigung hat er billigend in Kauf genommen, dass die gewünschte Erteilung der Bewachungsgewerbeerlaubnis trotz der fehlenden Eignungsvoraussetzung erfolgen wird. Das „billigend in Kauf nehmen" reicht für das Vorliegen der Merkmale einer arglistigen Täuschung aus.[200]

199 Somit überwiegt bei der Vertrauensfrage die Mitschuld des Betroffenen. Nur durch die Fälschung der Bescheinigung konnte er die Erlaubniserteilung erwirken. Diese Handlung ging von ihm aus. Eine Entschädigung seines Vermögensnachteils wird nicht erfolgen.

200 Der § 48 Abs. 4 S. 1 VwVfG stellt eine weitere Rücknahmeeinschränkung dar. Hiernach darf die Rücknahme nur ein Jahr nach Kenntnisnahme des entscheidungsrelevanten Wissens vollzogen werden. *Die Interpretation dieser Frist wurde vom Bundesverwaltungsgericht sehr behördenfreundlich ausgelegt.*[201] Bei genauerer Durchsicht dieser Norm fällt jedoch auf, dass in bestimmten Fällen die Jahresfrist nicht greift (§ 48 Abs. 4 S. 1 VwVfG). In Fällen, wo der Betroffene sich u. a. aufgrund arglistiger Täuschung gem. § 48 Abs. 2 S. 3 Nr. 1 VwVfG nicht auf Vertrauen berufen kann, existiert auch keine bürgerschützende Jahresfrist zur Rücknahme eines begünstigenden Verwaltungsaktes. Fraglich ist hier lediglich, ob diese Ausnahme auch auf die Bewachungsgewerbeerlaubnis (s. o. – sonstiger Verwaltungsakt mit einer Rücknahmeeinschränkung aus § 48 Abs. 3 VwVfG) ausgedehnt werden kann. Dies kann an dieser Stelle bejaht werden. Aufgrund der vorliegenden Gesetzessystematik (Anwendbarkeit des § 48 Abs. 2 S. 3 VwVfG auch auf die Bewachungsgewerbeerlaubnis) ist

[197] Vgl. Peine, § 15, Rn. 620.

[198] BVerwG, Urteil v. 28.01.2010 – 3 C 17.09 (lexetius), Abs.-Nr. 28.

[199] BverwG, Urteil v. 24.10.1996 – 2 C 23.96 (wolterskluwer), Abs.-Nr. 12.; BVerwG, Urteil v. 18.09.1985 – 2 C 30.84 (wolterskluwer), Abs.-Nr. 21.

[200] BVerwG, Urteil v. 14.03.2013 – 5 C 10/12, NVwZ-RR 2013, 689 (691).

[201] BVerwG, 19.12.1984 – Gr. Sen 1.84 (juris), Abs.-Nr. 17.

bei Einsatz von unlauteren Mitteln der Ausschluss der Jahresfrist auf alle begünstigenden Verwaltungsakte auszudehnen.[202] Weitere Rücknahmeeinschränkungen liegen nicht vor.

Schlussendlich ist noch die zuständige Behörde für die Rücknahme der Bewachungsgewerbeerlaubnis zu ermitteln. Der § 48 Abs. 5 VwVfG enthält lediglich einen Verweis zur örtlichen Zuständigkeit (§ 3 VwVfG), welche sich jedoch in der Regel als unkritisch erweisen dürfte. Weitere Ausführungen hierzu werden an dieser Stelle nicht getroffen. Die sachliche Zuständigkeit ist hingegen in der Rücknahmevorschrift nicht geregelt, sodass nach dem Bundesverwaltungsgericht auf die Regeln des Fachrechts zurückgegriffen werden muss.[203] 201

Das Land Niedersachsen hat die sachliche Zuständigkeit auf dem Gebiet des Wirtschaftsrechts in der ZustVO-Wirtschaft geregelt. Gemäß § 1 Abs. 3 S. 1 ZustVO-Wirtschaft ist u. a. für die Rücknahme der Bewachungsgewerbeerlaubnis diejenige Stelle sachlich zuständig, die auch für die Erteilung der Erlaubnis sachlich zuständig war. Für die Erteilung der Bewachungsgewerbeerlaubnis sind gem. § 1 Abs. 1 S. 1 ZustVO-Wirtschaft in Verbindung mit der Anlage zur ZustVO-Wirtschaft, lfd. Nr. 1, u. a. die Landkreise sachlich zuständig. Somit ist aus dem o. g. Fallbeispiel der Landkreis X sachlich zuständig. 202

Eine Rücknahme der Bewachungsgewerbeerlaubnis ist daher möglich. Bei der Rücknahmeentscheidung hat die Behörde das ihr eingeräumte Ermessen pflichtgemäß entsprechend § 40 VwVfG auszuüben. 203

Eine Teilrücknahme (milderes Mittel) ist bei einer Bewachungsgewerbeerlaubnis nicht möglich. Die Rücknahme kann außerdem auch nicht rückwirkend für die Vergangenheit vollzogen werden, da die betroffene Person die Erlaubnis besaß und das Gewerbe ausgeübt hat. Daher hat die Rücknahme für die Zukunft zu erfolgen. 204

Zu weiteren Vertiefung der Rücknahmevorschrift nach § 48 VwVfG wird auf folgende Literatur verwiesen:

Vertiefungshinweise

Wolff, Heinrich A.; Decker Andreas, Studienkommentar VwGO/VwVfG, § 48 VwVfG.

Ziekow, Jan, Verwaltungsverfahrensgesetz, § 48 VwVfG.

Ipsen, Jörn, Allgemeines Verwaltungsrecht, § 11, Rn. 723 ff.

Peine, Franz-Joseph; Siegel Thorsten, Allgemeines Verwaltungsrecht, § 15, Rn. 595 ff.

Kues, Dirk; Baumeister, Thomas, Allgemeines Verwaltungsrecht, S. 164 ff.

---

[202] Vgl. Sachs in Stelkens/Bonk, § 48, Rn. 209.

[203] BVerwG, Urteil v. 20.12.1999 – 7 C 42.98 (wolterskluwer), Abs.-Nr. 14.

Martini, Mario, Die Aufhebung von Verwaltungsakten nach § 48 ff. VwVfG – ein Überblick (Teil 1), JA, 10/2012, S. 762 ff.

Martini, Mario, Die Aufhebung von Verwaltungsakten nach § 48 ff. VwVfG – ein Überblick über die Rücknahme nach § 48 VwVfG (Teil 2), JA, 06/2013, S. 442 ff.

4.4.3 WIDERRUF EINER BEWACHUNGSGEWERBEERLAUBNIS NACH § 49 VwVfG

205 Das Bewachungsgewerbe ist eines der am schnellsten prozentual wachsenden Gewerbearten in Deutschland. Die Anzahl der Unternehmen hat sich in kurzer Zeit fast verdoppelt.[204] Wie bereits im Kapitel 4.1 hinreichend erörtert, müssen Bewachungsgewerbetreibende diverse Anforderungen erfüllen. Zum Zeitpunkt der Erlaubniserteilung bewertet die zuständige Stelle auf Grundlage des Istzustands, sprich aufgrund der in dem Moment vorliegenden Kenntnisse, Bescheinigungen und weiterer Nachweise, ob die Erlaubnis erteilt werden darf oder nicht. Die Erlaubniserteilung hat zwar das Ziel dauerhaft Bestand zu haben, jedoch fehlt dem zuständigen Sachbearbeiter die berühmte „Glaskugel", um in die Zukunft zu schauen. Insbesondere bei den (persönlichen) Anforderungen an den Gewerbetreibenden können zukünftig Veränderungen eintreten, die der Behörde es nicht erlauben würden, die gewährte Bewachungsgewerbeerlaubnis ein weiteres Mal zu erteilen. Die Umstände haben sich somit erheblich geändert und müssen der Behörde erlauben, rechtmäßig erlassene Erlaubnisse im Nachhinein zu widerrufen.

206 Dass eine Aufhebung eines rechtmäßig erlassenen Verwaltungsaktes möglich sein muss, ergibt sich ebenfalls, wie bei der Rücknahme nach § 48 VwVfG, aus dem Grundsatz der Gesetzmäßigkeit, Art. 20 Abs. 3 GG. Diesem Grundsatz würden die zuständigen Stellen nicht beachten, wenn sich ein rechtmäßiger Zustand in einen rechtswidrigen Zustand umwandelt und diese Situation vonseiten der Behörde ignoriert werden würde.

Das folgende Beispiel soll zur Veranschaulichung der Widerrufvorschrift dienen:

207 Beispiel:

Im April 2018 hat die kreisfreie Stadt Y dem Antrag der Bürgers B auf Erteilung der Bewachungsgewerbeerlaubnis entsprochen. Sämtliche geforderten Unterlagen und Anforderungen an den zukünftigen Betreiber des Bewachungsgewerbes lagen vor. Die Stadt Y hat auf Grundlage der vorliegenden Nachweise den Antrag genehmigt und kurze Zeit später dem Bürger B die Bewachungsgewerbeerlaubnis erteilt. Bürger B und nun auch Betreiber B des Bewachungsgewerbes hat umgehend seine Tätigkeit aufgenommen und bewacht ein großes Einkaufszentrum nach Ladenschluss. Bei einer routinemäßigen Überprüfung des Betreibers B im Februar 2020 kam durch den Auszug aus dem Bundeszentralregister zum Vorschein, dass er im Februar 2019 und Novem-

[204] BDSW, Sicherheitswirtschaft in Deutschland; https://www.bdsw.de/die-branche/zahlen-daten-fakten (Zugriff: 04.04.2020).

ber 2019 jeweils rechtskräftig wegen Diebstahls nach § 242 StGB vom Amtsgericht A zu einer Geldstrafe von 90 Tagessätzen je 45 Euro sowie einer Freiheitsstrafe auf Bewährung von sechs Monaten verurteilt wurde. Der zuständige Mitarbeiter der Stadt Y möchte aufgrund der vorliegenden Straftaten dem Betreiber B die Erlaubnis zum Betreiben eines Bewachungsgewerbes widerrufen.

Das geschilderte Fallbeispiel ist eines des am häufigsten existierenden Szenario in der Praxis. Nach der rechtmäßigen Gewährung eines gewährenden Verwaltungsaktes lässt eine neue Situation die Aufrechterhaltung nicht mehr zu. 208

Wie im Kapitel 4.1 schon beschrieben, stellt die Bewachungsgewerbeerlaubnis einen begünstigenden Verwaltungsakt im Sinne des § 35 S. 1 VwVfG dar. Diese Erlaubnis wurde laut Sachverhalt im April 2018 rechtmäßig erlassen. Aufgrund dessen, dass ähnlich wie bei der Rücknahme einer solchen Erlaubnis das Spezialgesetz keine Regelung enthält, greift die Widerrufsvorschrift aus dem Verwaltungsverfahrensgesetz. Da die Bewachungsgewerbeerlaubnis einen begünstigenden Verwaltungsakt darstellt, entfällt als potenzielle Rechtsgrundlage der § 49 Abs. 1 VwVfG. Auch der § 49 Abs. 3 VwVfG kann hier nicht als Rechtsgrundlage dienen, da die Erlaubnis keine Geldleistung oder Sachleistung darstellt. Es kommt somit lediglich der § 49 Abs. 2 VwVfG infrage. Ein Widerruf wäre unter den gegebenen Umständen nach **§ 49 Abs. 2 S. 1 Nr. 3 VwVfG** denkbar. 209

Hiernach ist die Behörde befugt, aufgrund nachträglich eingetretener Tatsachen einen begünstigenden Verwaltungsakt ganz oder teilweise zu widerrufen, wenn sie berechtigt gewesen wäre, den Verwaltungsakt nicht zu erlassen, und ohne den Widerruf das öffentliche Interesse gefährdet wäre. 210

Die Bewachungsgewerbeerlaubnis stellt einen begünstigenden Verwaltungsakt im Sinne des § 48 Abs. 1 S. 2 VwVfG dar. 211

Merke: 212

Auch wenn die Ermächtigungsgrundlage § 49 Abs. 2 S. 1 Nr. 3 VwVfG lautet, wird für das Tatbestandsmerkmal „begünstigender Verwaltungsakt" in einer rechtswissenschaftlichen Klausur die Definition aus § 48 Abs. 1 S. 2 VwVfG verwendet.

Nun müssten sich aus dem Sachverhalt heraus Tatsachen ergeben. Eine Tatsache ist dabei ein konkret und sinnlich wahrnehmbarer Vorgang der Gegenwart oder Vergangenheit.[205] Tatsachen stellen somit dem Beweis zugängliche Geschehnisse dar, die eben keine bloße Vermutung oder Behauptung sind. Im vorliegenden Fall wurde der Gewerbetreibende B zweimal vom Amtsgericht A wegen Diebstahls zu einer Geldstrafe von 90 Tagessätzen je 213

[205] Vgl. Ziekow, § 49, Rn. 17.

45 Euro bzw. Freiheitsstrafe auf Bewährung von sechs Monaten verurteilt. Diese Verurteilungen sind rechtskräftig und wurden entsprechend im Bundeszentralregister hinterlegt. Mit dem Vermerk im Bundeszentralregister wurde das Vorliegen der Straftat des Gewerbetreibenden B verbindlich dokumentiert. Deshalb liegen hier Tatsachen und nicht nur bloße Vermutungen oder Behauptungen vor.

214 Diese Tatsachen (Verurteilungen) müssen nun nachträglich eingetreten sein. Sie sind nachträglich eingetreten, wenn sie nach Bekanntgabe der Bewachungsgewerbeerlaubnis eintraten.[206] Die Erlaubnis wurde im April 2018 erteilt, die beiden Verurteilungen stammen jeweils aus Februar 2019 und November 2019. Die zeitliche Komponente ist an dieser Stelle sehr eindeutig. Die Tatsachsen sind nachträglich eingetreten.

215 Nachträglich wären die Tatsachsen hingegen nicht eingetreten, wenn sie erst nach Bekanntgabe entdeckt wurden, vorher aber schon vorlagen.[207] Hier greift dann die Rechtswidrigkeit der Erlaubnis zum Zeitpunkt des Erlasses und somit wäre nur eine Rücknahme nach § 48 VwVfG möglich.

216 Nun muss die zuständige Behörde die vorliegenden Tatsachen bewerten. Nach der Bewertung dürfte sie nicht berechtigt sein, die Bewachungsgewerbeerlaubnis zu erlassen. Hierbei ist entscheidend, dass die Behörde berechtigt wäre den Verwaltungsakt nicht zu erlassen, wenn die Tatsachen bei Erlass der Erlaubnis bekannt gewesen wären.[208] Es dürfte somit aus heutiger objektiver Sicht die Voraussetzung für den Erlass der Bewachungsgewebeerlaubnis nicht mehr vorliegen.[209]

217 Somit sind an dieser Stelle die Voraussetzungen zur Erteilung einer Bewachungsgewerbeerlaubnis zu prüfen. Sämtliche Voraussetzungen wurden im Unterkapitel 4.3.4 erörtert, sodass hier der Fokus auf der kritischen Anforderung liegt.

218 Der Gewerbetreibende muss gem. § 34a Abs. 1 S. 3 Nr. 1 GewO die notwendige Zuverlässigkeit besitzen. Der Gesetzgeber hat zur Zuverlässigkeit im § 34a Abs. 1 S. 4 GewO einen Katalog aufgestellt, aus dem sich ergibt, wann der Gewerbetreibende die notwendige Zuverlässigkeit in der Regel nicht besitzt. Die Zuverlässigkeit besitzt der Gewerbetreibende in der Regel nicht, wenn er gem. § 34a Abs. 1 S. 4 Nr. 4b GewO in den vergangenen fünf Jahren rechtskräftig zu einer Geldstrafe von mind. 90 Tagessätzen wegen u. a. Diebstahl verurteilt wurde.

219 Auch hier ist der Fall eindeutig. Die rechtskräftigen Verurteilungen liegen weniger als fünf Jahre zurück (Bearbeitungsstand des fiktiven Beispiels entspricht der Veröffentlichung des Werkes im Oktober 2020). Die Geldstrafe entspricht ebenfalls dem gesetzlich geforderten Minimum von 90 Tagessätzen, und auch eine Freiheitsstrafe, wenn auch zur Bewährung ausgesetzt, stellt einen Mangel der Zuverlässigkeit dar. Es hätte schon eine der beiden

206 Vgl. Decker in Studienkommentar, § 49 VwVfG, Rn. 16.
207 Vgl. Decker in Studienkommentar, § 49 VwVfG, Rn. 16.
208 Vgl. Peine, § 15, Rn. 639.
209 Vgl. Ramsauer in Verwaltungsverfahrensgesetz, § 49 VwVfG, Rn. 47.

Verurteilungen gereicht, um einen Zuverlässigkeitsmangel zu attestieren. Aufgrund der fehlenden Zuverlässigkeit hätte der Gewerbetreibende die Bewachungsgewerbeerlaubnis aus heutiger Sicht unter Beachtung der vorliegenden Tatsachen nicht erhalten.

Zuletzt müsste ohne den Widerruf das öffentliche Interesse gefährdet werden. Eine Ge- 220
fährdung des öffentlichen Interesses liegt vor, wenn der Bestand der Bewachungsgewerbeerlaubnis das öffentliche Interesse gefährdet.[210] Dies bedeutet, dass der Widerruf geeignet sein muss, die Abwehr einer konkreten Gefährdung des öffentlichen Interesses herbeizuführen.[211]

Im konkreten Sachverhalt würde die Behörde ohne einen Widerruf der Bewachungsgewer- 221
beerlaubnis dulden, dass ein mehrfach straffälliger und unzuverlässiger Bewachungsgewerbeinhaber weiterhin fremdes Eigentum bewachen würde. Ohne den Widerruf wäre das öffentliche Interesse schon alleine deswegen gefährdet, weil die Behörde einen Anforderungsmangel des Gewerbetreibenden ignorieren und die Anspruchsvoraussetzungen des § 34a GewO unterlaufen würde. Die Unzuverlässigkeitskriterien sind starr und dürfen von der zuständigen Stelle auch nicht aufgeweicht werden.

Der Widerruf der Bewachungsgewerbeerlaubnis ist nur unter Beachtung der sich aus § 49 222
Abs. 2 S. 2 VwVfG i. V. m. § 48 Abs. 4 VwVfG ergebenen Jahresfrist möglich. Die Jahresfrist (hier wie bei der Rücknahme nach Rechtsprechung des BVerwG eine Entscheidungsfrist) beginnt erst zu laufen, wenn dem zuständigen Behördenmitarbeiter sämtliche für den Widerruf erheblichen Tatsachen vollständig bekannt sind.[212]

Im vorliegenden Sachverhalt kann man unterstellen, dass dem zuständigen Sachbearbeiter 223
der Stadt Y zum Zeitpunkt des Erscheinens dieses Werkes sämtliche relevante Tatsachen bekannt gewesen sind, sodass die Jahresfrist für den Widerruf mit diesem Zeitpunkt an zu beginnen läuft.

Ähnlich wie bei der Rücknahme nach § 48 VwVfG ist somit der Widerruf der Bewachungs- 224
gewerbeerlaubnis möglich. Bei der Entscheidung hat die zuständige Behörde das ihr eingeräumte Ermessen pflichtgemäß entsprechend § 40 VwVfG auszuüben.

Ähnlich wie bei der Rücknahme im vorherigen Kapitel ist unter § 49 Abs. 5 VwVfG lediglich 225
ein Verweis zur örtlichen Zuständigkeit (§ 3 VwVfG) gegeben. Die sachliche Zuständigkeit ist hingegen in der Widerrufsvorschrift nicht geregelt, sodass wie bei der Rücknahme auch auf die Regeln des Fachrechts zurückgegriffen werden muss.

Gemäß § 1 Abs. 3 S. 1 ZustVO-Wirtschaft ist u. a. für den Widerruf der Bewachungsgewer- 226
beerlaubnis diejenige Stelle sachlich zuständig, die auch für die Erteilung der Erlaubnis sachlich zuständig war. Für die Erteilung der Bewachungsgewerbeerlaubnis sind gem. § 1 Abs. 1 S. 1 ZustVO-Wirtschaft in Verbindung mit der Anlage zur ZustVO-Wirtschaft, lfd.

[210] VGH Baden-Württemberg, Beschl. v. 17.11.1988 – 14 S 2894/88, NVwZ-RR 1989, 540 (541).
[211] Vgl. Ziekow, § 49, Rn. 20.
[212] Vgl. Ziekow, § 49, Rn. 24.

Nr. 1, u. a. die kreisfreien Städte sachlich zuständig. Somit ist aus dem o. g. Fallbeispiel die kreisfreie Stadt Y sachlich zuständig.

227 Nach § 49 Abs. 6 VwVfG könnte jedoch der Bewachungsgewerbeinhaber einen Entschädigungsanspruch haben. Dieser ist für die Fälle des § 49 Abs. 2 S. 1 Nr. 3 VwVfG explizit vorgesehen. Jedoch greift der Entschädigungsanspruch aus Abs. 6 nur bei Tatsachenänderungen, die nicht auf das Verhalten des Begünstigenden beruhen.[213]

228 Im konkreten Sachverhalt ist jedoch der Betreiber des Bewachungsgewerbes straffällig geworden und hat somit durch sein Verhalten aktiv die Tatsachenänderung herbeigeführt. Einen Entschädigungsanspruch hat er somit nicht.

229 Ein Teilwiderruf (milderes Mittel) ist bei einer Bewachungsgewerbeerlaubnis nicht möglich. Der Widerruf kann wie bei der Rücknahme auch nicht rückwirkend für die Vergangenheit vollzogen werden, da die betroffene Person die Erlaubnis besaß und das Gewerbe ausgeübt hat. Daher hat der Widerruf für die Zukunft zu erfolgen.

4.5 VERHINDERUNG DER FORTSETZUNG EINES ERLAUBNISPFLICHTIGEN BETRIEBES NACH § 15 ABS. 2 S. 1 GEWO

230 In den vorangegangenen Kapiteln wurden die Konstellationen näher betrachtet, in denen der Gewerbetreibende eine Erlaubnis zum Betreiben des Gewerbes besaß. Je nach Fallkonstellationen gab es zwei Möglichkeiten, die Erlaubnis aufzuheben.

231 Im folgenden Kapitel wird nun veranschaulicht, welche Handhabe die zuständige Behörde hat, um den Betrieb eines erlaubnispflichtigen Gewerbes zu verhindern, wenn der Betreiber nicht im Besitz der Erlaubnis ist.

232 Um die Herangehensweise besser zu verstehen, wird das folgende Beispiel die Thematik begleiten. Es ist die Fortsetzung des fiktiven Falls aus dem vorangegangenen Kapitel. Zur Erinnerung eine kurze Zusammenfassung. Die Stadt Y hat dem Bürger B die rechtmäßig erlassene Bewachungsgewerbeerlaubnis widerrufen, da dieser rechtskräftig aufgrund begangener Straftaten verurteilt wurde. Nun hat sich die Situation wie folgt entwickelt:

233 Beispiel:

Nachdem die Stadt Y die Bewachungsgewerbeerlaubnis des Bürger B widerrufen hat, kann dieser die Entscheidung der zuständigen Stelle absolut nicht nachvollziehen. Er sehe zwar ein, dass die Straftaten überflüssig waren, jedoch habe er die Strafe ak-

[213] Vgl. Ziekow, § 49, Rn. 24.

zeptiert. Der Bürger B möchte keinen Rechtsbehelf gegen die Entscheidung der Stadt einlegen und beabsichtigt, sein Gewerbe ohne die Erlaubnis weiter zu betreiben. Er bewacht weiterhin die Anlagen und Räumlichkeiten von mehreren privaten Unternehmen außerhalb der Öffnungszeiten (20 Uhr bis 7 Uhr), so wie er es bis zur Aufhebung seiner Bewachungsgewerbeerlaubnis tat. Die Stadt Y hat hierzu eigene Recherchen betrieben. Auch die Firmeninhaber haben bestätigt, dass Herr B die Bewachung weiterhin übernimmt. Von einer fehlenden Erlaubnis wüssten sie jedoch nichts. Nun möchte die zuständige Stelle der Stadt Y die Fortsetzung des Betriebes des Bürgers B umgehend verhindern.

Die Prüfung, ob die Verhinderung der Fortsetzung des Betriebes möglich ist, soll an diesem 234
fiktiven Beispiel exemplarisch dargestellt werden. Der Bewachungsbetrieb stellt nur einen „Platzhalter" für alle anderen zulassungspflichtigen Betriebe dar.

Das skizzierte Beispiel hat eine relativ hohe Praxisrelevanz. Durch den Widerruf der Be- 235
wachungsgewerbeerlaubnis hat der Bürger B seine finanzielle Existenz voraussichtlich verloren. Dies zu akzeptieren fällt verständlicherweise schwer. Aus diesem Grund versuchen die Betroffenen, in einer solchen Lage teilweise immer noch das Gewerbe fortzuführen, obwohl dies mit der Aufhebung der Erlaubnis nicht mehr gestattet ist. Um solche Zustände zu verhindern, hat der Gesetzgeber mit dem § 15 Abs. 2 S. 1 GewO eine Ermächtigungsgrundlage geschaffen, mit der ein zulassungspflichtiges Gewerbe, welches ohne die notwendige Zulassung betrieben wird, von der zuständigen Behörde verhindert werden kann.

Damit der Anwendungsbereich der Norm überhaupt eröffnet wird, ist zu prüfen, ob der 236
aktuelle Betrieb des B ein **Gewerbe** darstellt, zu derer Ausübung es einer **Zulassung** bedarf.

Um hier eine schwerpunktorientierte Prüfung durchzuführen, wird unterstellt, dass der 237
momentane Betrieb des B weiterhin ein Gewerbe darstellt. Auch vor dem Hintergrund, der immer noch gleichen Tätigkeit (Bewachung von Unternehmen außerhalb der Öffnungszeiten) kann an dieser Stelle unterstellt werden, dass eine Bewachungstätigkeit vorliegt und damit die Voraussetzungen des § 34a Abs. 1 S. 1 GewO erfüllt sind. Aus dieser Rechtsgrundlage ergibt sich, wann eine Bewachungstätigkeit vorliegt, die einer Zulassung (hier Erlaubnis) bedarf. Im vorliegenden Sachverhalt bewacht er weiterhin die Anlagen und Räumlichkeiten von Firmen. Diese Tätigkeit stellt ein Bewachen dar.

Somit betreibt der B ein Gewerbe, für das eine Zulassung, hier ganz konkret eine Erlaubnis, 238
notwendig ist.

Klausurhinweis: 239

Grundsätzlich ist an dieser Stelle das Vorliegen des (Bewachungs-) Gewerbes zu prüfen. Auch muss die Zulassungspflicht geprüft werden, sofern kein Hinweis über das Vorliegen dieser gegeben ist.

240 Die Anwendung des § 15 Abs. 2 S. 1 GewO bedarf zwingend der Zulassungspflicht. Die Verhinderung der Fortsetzung eines zulassungsfreien Gewerbes (als Bsp. nach der Untersagungsverfügung nach § 35 GewO) kann nicht durch diese Ermächtigungsgrundlage erfolgen. Hierfür bedarf es Vollstreckungsmaßnahmen, welche im Landesgesetze geregelt sind (in Niedersachsen die Zwangsmittel nach § 64 ff. NPOG).[214]

241 Nun muss das Bewachungsgewerbe **ohne die notwendige Erlaubnis** betrieben werden. Durch den Widerruf der Erlaubnis besitzt der Bürger B keine Zulassung zum Betreiben des Bewachungsgewerbes. Die Situation im vorliegenden Fall ist relativ eindeutig. Bürger B ist nicht mehr im Besitz der Erlaubnis und betreibt das Gewerbe somit, ohne diese zu besitzen.

242 Grundsätzlich muss die Rücknahme oder der Widerruf nicht rechtmäßig sein. Es reicht die bloße Wirksamkeit der Aufhebung, um die Anwendung des § 15 Abs. 2 S. 1 GewO zu ermöglichen.[215]

243 Somit liegen alle Tatbestandsvoraussetzungen vor, um die Fortsetzung des Bewachungsgewerbes des B verhindern zu können.

244 Die Rechtsfolge des § 15 Abs. 2 S. 1 GewO sieht Ermessen vor, welches pflichtgemäß nach § 40 VwVfG auszuüben ist. Im konkreten Fall hat die zuständige Behörde sowohl ein *Entschließungsermessen* (**ob** sie tätig wird) wie auch ein *Auswahlermessen* (**wie** sie tätig wird). Zwischen den beiden Ermessensarten muss zwingend unterschieden werden.

245 Die beiden Ermessensarten kann man sich am besten mithilfe der folgenden Grafik bildlich gut veranschaulichen.

246

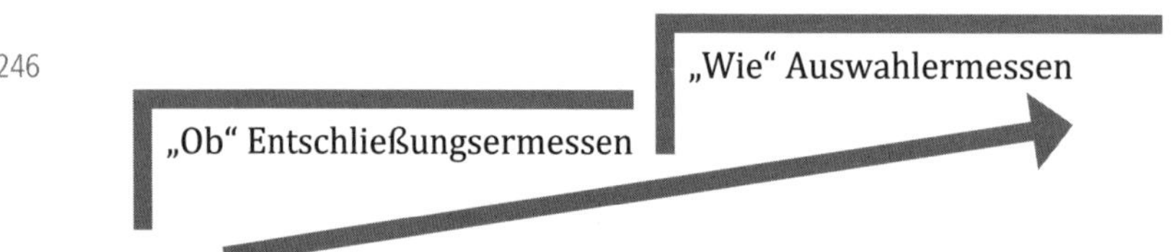

247 Damit die Behörde ihr *Auswahlermessen* ausüben darf, müssen erst die Voraussetzungen des *Entschließungsermessens* vorliegen. In der Praxis und beim Lösen von verwaltungsrechtlichen Gutachten stellt diese Unterscheidung meistens kein Problem dar. Häufig gehen die beiden Ermessenarten fließend ineinander über. Es gibt auch Fälle in denen der Behörde nur ein *Entschließungsermessen* eingeräumt ist und in diesem Zusammenhang lediglich die Frage geklärt wird, ob als Beispiel dem Antrag des Bürgers entsprochen werden kann oder nicht (siehe hierzu z. B. § 46 I StVO). Hier wägt die Behörde die Interessen des Bürgers an dem Erhalt einer Ausnahmegenehmigung und den sich aus einer potenziellen Bewilligung ergebenen Konsequenzen für die Allgemeinheit ab.

[214] Vgl. Marcks in Landmann/Rohmer, § 15, Rn. 19.

[215] Vgl. Ramsauer in Verwaltungsverfahrensgesetz, § 43, Rn. 3a.

Im Zusammenhang mit dem sich aus § 15 Abs. 2 S. 1 GewO ergebenden *Entschließungsermessen* hat die Behörde zu prüfen, ob eine bloße formelle Rechtswidrigkeit oder auch eine materielle Rechtswidrigkeit vorliegt.[216] 248

Das zulassungspflichtige Gewerbe wird **nur formell rechtswidrig** betrieben, wenn der Gewerbetreibende bloß die erforderliche Zulassung nicht besitzt, jedoch grundsätzlich alle notwendigen Voraussetzungen für die Erteilung der Erlaubnis vorliegen.[217] Nach herrschender Meinung reicht eine formelle Rechtswidrigkeit daher für die Verhinderung der Fortsetzung des Gewerbes nicht aus.[218] Die zuständige Behörde muss durch Belehrungen auf den Gewerbetreibenden einwirken, damit dieser einen Genehmigungsantrag stellt. Sollten diese Belehrungen keine Wirkung zeigen, ist im zweiten Schritt ein weniger mildes Mittel in Form eines Bußgeldverfahrens durchzuführen. Erst nachdem auch dieses Verfahren erfolglos verlaufen ist, kann beim bloßen Vorliegen der formellen Rechtswidrigkeit eine Verhinderung der Fortsetzung des Gewerbes durch die zuständige Behörde erfolgen.[219] 249

Es wird aber auch die Meinung vertreten, dass eine behördliche Initiative nicht vorgesehen ist und aufgrund dessen schon die bloße formelle Rechtswidrigkeit in Form einer fehlenden Erlaubnis ausreiche, um die weitere Gewerbeausübung zu verhindern.[220] 250

Unstrittig ist hingegen, dass eine Verfügung nicht infrage kommt, wenn der Betrieb zwar ohne die notwendige Erlaubnis betrieben wird, ein Antrag der zuständigen Behörde jedoch vorliegt und die Erteilung der Erlaubnis in Kürze erfolgen wird.[221] 251

Das vorliegende Werk folgt an dieser Stelle der Meinung, dass das Vorliegen einer bloßen formellen Rechtswidrigkeit nicht ausreiche, um die Rechtsfolge (Verhinderung der Ausübung des Gewerbes) auszulösen. 252

Exkurs: 253

Das „Ob die Behörde tätig werden soll" hätte man nach der herrschenden Meinung nicht mit einem „Ja!" beantworten dürfen, wenn der Bürger B das Gewerbe zwar ohne die notwendige Erlaubnis betreiben, aber die an ihn aus der Anspruchsgrundlage gerichteten Voraussetzungen erfüllen würde. Hier hätte die Behörde durch Belehrungen und daran anschließend ggf. mit Bußgeldverfahren vorab auf ihn einwirken müssen.[222]

---

216 Vgl. Marcks in Landmann/Rohmer, § 15, Rn. 23.
217 Vgl. Leisner in GewO, § 15, Rn. 37.
218 Vgl. Ennuschat in Ennuschat, § 15, Rn. 26; vgl. Marcks in Landmann/Rohmer, § 15, Rn. 37.
219 Vgl. Leisner in GewO, § 15, Rn. 37.
220 Vgl. Heß in Frieauf, § 15, Rn. 93; VG Bremen, Beschl. v. 11.01.1967, GewA 1967, 222 (223).
221 Vgl. Marcks in Landmann/Rohmer, § 15, Rn. 23.
222 Vgl. Marcks in Landmann/Rohmer, § 15, Rn. 24.

254 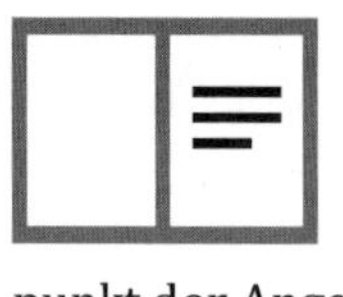

Klausurhinweis:

Denkbar ist **auch**, dass die Thematik der lediglich formellen Illegalität im Rahmen der Verhältnismäßigkeitsprüfung unter dem Gesichtspunkt der Angemessenheit dargestellt werden kann.

255 Um die Voraussetzungen des *Entschließungsermessens* (**ob** die Behörde tätig wird) zu erfüllen, muss das zulassungspflichtige Gewerbe daher auch noch **materiell rechtswidrig** betrieben werden. Dies liegt in der Regel dann vor, wenn der Betreiber die an seine Person gestellten notwendigen Voraussetzungen nicht erfüllt.[223]

256 Durch den Widerruf der Erlaubnis betreibt der Bürger B das Bewachungsgewerbe ohne die notwendige Erlaubnis. Aufgrund der im vorangegangenen Kapitel bekannt gewordenen Tatsachen (Verurteilungen), fehlt ihm zudem die zum Betreiben des Bewachungsgewerbes notwendige Zuverlässigkeit und damit mindestens eine der im § 34a GewO geforderten Voraussetzungen. Im konkreten Fall liegt somit eine *formelle wie auch materielle Rechtswidrigkeit* vor. Durch das Vorliegen beider Rechtswidrigkeiten, kann die Frage, **ob** die Behörde tätig werden soll, mit einem „Ja!" beantwortet werden.

257 Betrachten wir nun die zweite Stufe im Ermessen, das sogenannte *Auswahlermessen*. Im Zuge des Auswahlermessen hat die Behörde zu prüfen, **wie** sie tätig wird. Die geplante Maßnahme hat vor diesem Hintergrund dem Grundsatz der Verhältnismäßigkeit zu entsprechen. Die Verhinderung der Fortsetzung des Gewerbes muss somit *geeignet*, *erforderlich* und *angemessen* sein.

258 Vor dem Hintergrund einer problemorientierten Bearbeitung, wird hier lediglich die *Erforderlichkeit* betrachtet. Eine Maßnahme ist gemäß § 4 Abs. 1 NPOG erforderlich, wenn sie das mildeste und gleich geeignete Mittel darstellt, um den Zweck der Norm genüge zu tragen.

259 Der Zweck des § 15 Abs. 2 S. 1 GewO ist es, der Behörde die Möglichkeit zu geben, die Fortsetzung von zulassungspflichtigen Gewerbearten zu verhindern, wenn diese ohne die notwendige Zulassung betrieben werden.

260 Nun muss überprüft werden, wie die Verhinderung aussehen kann, vor dem Hintergrund, dass diese eben *erforderlich* sein muss. Ein klassisches Stillmittel im Rahmen der Erforderlichkeit ist die sogenannte Teilschließung bzw. Teilverhinderung. Diese Teilschließung würde somit nicht das gesamte Gewerbe betreffen, sondern lediglich den problematischen Teil, für den es eine Zulassung bedarf. Diese Fallkonstellation kann bei sogenannten „Mischbetrieben" vorkommen, die aus einem zulassungspflichtigen Gewerbeteil und einem zulassungsfreien Gewerbeteil bestehen.[224]

[223] Vgl. Leisner in GewO, § 15, Rn. 40.

[224] Vgl. Marcks in Landmann/Rohmer, § 15 Rn. 17, 27.

Mischbetrieb – Variante 1: 261

Mischbetriebe finden sich beispielsweise häufiger in Innenstädten. Hierzu folgendes Beispiel:

Das Betreiben von „Erotikshops" stellt ein **zulassungsfreies** Gewerbe dar. Die Betreiber preisen jedoch teilweise ihre Produkte an Personen an, die dann in einem speziellen Bereich des Schaufensters für das entsprechende Produkt werben, um so höhere Umsätze zu erwirtschaften. Diese Zurschaustellung von Personen ist gemäß § 33a GewO **zulassungspflichtig**. Dieses Geschäft ist dann kein reines zulassungsfreies Gewerbe mehr, sondern ein sogenannter „Mischbetrieb", in dem beide Formen des stehenden Gewerbes vertreten sind.

Bei Vorliegen der formellen und materiellen Rechtswidrigkeit würde im Falle des Mischbetriebes die Verhinderung der Fortsetzung des Gewerbes sich nur auf die Zurschaustellung von Personen beschränken. 262
„Mischbetriebe" können aber auch aus zwei zulassungspflichtigen Gewerbearten bestehen.[225]

Mischbetrieb – Variante 2: 263

Für einen Mischbetrieb, bestehend aus zwei zulassungspflichtigen Gewerbearten, folgendes Beispiel:

Das Betreiben eines Pfandleihgewerbes ist nach § 34 GewO **zulassungspflichtig**. Des Öfteren betreiben Pfandleiher zusätzlich noch ein Versteigerungsgewerbe nach § 34b GewO, welches ebenfalls **zulassungspflichtig** ist. Gehen Sie in diesem fiktiven Beispiel davon aus, dass für das Pfandleihgewerbe eine Erlaubnis vorliegt, für das Versteigerungsgewerbe hingegen nicht. Es liegt ein sogenanntes Mischgewerbe vor.

Auch hier würde bei Vorliegen der formellen und materiellen Rechtswidrigkeit des Versteigerungsgewerbes die Verhinderung der Fortsetzung der Gewerbeausübung sich nur gegen dieses richten. Das Pfandleihgewerbe bliebe von der Maßnahme der Behörde unberührt. 264

Darüber hinaus findet die (Teil-)Verhinderung der Ausübung eines zulassungspflichtigen Gewerbes nach § 15 Abs. 2 S. 1 GewO auch dann Anwendung, wenn Spielgeräte mit Gewinnmöglichkeit, für deren Aufstellung eine Erlaubnis nach § 33c GewO notwendig ist, in z. B. einem Restaurant oder in anderen zulassungsfreien Gewerbearten aufgestellt sind. Der Zweck der Norm wäre hier auch schon Genüge getan.[226] 265

225 Vgl. Leisner in GewO, § 15, Rn. 43.1.
226 Vgl. Ennuschat in Tettinger/Wank, § 15, Rn. 28.

266 Auch in diesem Fall würde sich die Maßnahme des § 15 Abs. 2 S. 1 GewO ausschließlich gegen die Aufstellung der Glückspielautomaten richten, nicht aber gegen den Betrieb des Restaurants.

267 In dem oben konstruierten fiktiven Fall betreibt der Bürger B das Bewachungsgewerbe ohne die erforderliche Erlaubnis. Eine Teilschließung ist hier aufgrund der Gegebenheiten nicht möglich, sodass lediglich die Verhinderung der Fortsetzung des gesamten Bewachungsgewerbes möglich ist (nach erfolgter Interessenabwägung im Zuge der *Angemessenheit* – Grundsatz der Verhältnismäßigkeit).

268 Achtung!!!

Wie bereits oben geschildert, wurde dieses Kapitel auf einer der möglichen Sichtweisen aufgebaut. Dies bedeutet jedoch nicht, dass die anderen Meinungen ohne Bedeutung sind. Hier sollten Sie in der Praxis immer den Einzelfall betrachten und Ihr Vorgehen darauf abstimmen.

Vertiefungshinweise

Schöbener, Burkhard; Jahn, Ralf, Fälle zum Öffentlichen Wirtschaftsrecht, 2. Auflage.

OVG Berlin-Brandenburg, Beschl. v. 12.04.2019 – OVG 1 S 24/19, NVwZ-RR 22/2019, S. 951 f.

Odenthal,, H.-J., Die Gewerbeuntersagung nach § 15 Abs. 2 GewO, GewA 2001, S. 448.

Weber, Klaus, Praxis der Betriebsschließungsmaßnahmen nach § 15 Abs. 2 GewO, VR 2015, S. 159.

5 REISEGEWERBE

5.1 BEGRIFF

Das Reisegewerbe ist in § 55 Abs. 1 GewO geregelt. Danach betreibt ein Reisegewerbe, wer gewerbsmäßig ohne vorhergehende Bestellung außerhalb seiner gewerblichen Niederlassung oder ohne eine solche zu haben eine der folgenden Tätigkeiten ausübt: 269

- **Waren feilbieten,**
  also bewegliche Gegenstände des Handelsverkehrs zur sofortigen Übergabe bereithalten
- **Waren ankaufen,**
  also Kauf zur Weiterverarbeitung oder zum Wiederverkauf
- **Warenbestellungen aufsuchen,**
  also Bemühen um feste Aufträge zur späteren Warenlieferung
- **gewerbliche Leistungen anbieten,**
  also Anfertigen, Bearbeiten, Reparieren von beweglichen Gegenständen
- **Bestellungen auf Leistungen aufsuchen,**
  also wenn die entsprechende Tätigkeit erst in einem gewissen zeitlichen Abstand erfolgen soll
- **unterhaltende Tätigkeiten als Schausteller oder nach Schaustellerart** ausüben[227]

5.1.1 GEWERBSMÄSSIG

Der Gewerbebegriff stimmt dabei grundsätzlich mit dem allgemeinen Gewerbebegriff der GewO überein.[228] Künstlerische Tätigkeiten im Sinne des Art. 5 Grundgesetzes zählen nicht zum Gewerbe. Straßenmusikanten benötigen daher keine Reisegewerbekarte.[229] 270

Der Reisegewerbetreibende muss als Selbstständiger tätig sein. Er kann die zu seinem Reisegewerbe gehörenden Tätigkeiten auch durch Angestellte verrichten lassen. Damit 271

---

[227] Vgl. Stober, Rn. 268.
[228] Rossi in GewO, § 55, Rn. 4.
[229] Vgl. Frotscher, Rn. 445.

sind juristische Personen reisegewerbekartenpflichtig, nicht aber der eigentlich agierende angestellte Mitarbeiter.[230]

5.1.2 OHNE VORGERGEHENDE BESTELLUNG

272 Bestellung ist die Aufforderung an einen Gewerbetreibenden, dem Bestellenden nach Art und Qualität hinreichend bestimmte Waren zu bringen oder Dienstleistungen zu einer bestimmten Zeit an einem bestimmten Ort zu erbringen.[231] Entscheidend ist, dass die **Initiative vom Gewerbetreibenden** ausgeht, d. h., dass dieser (unangemeldet) zum möglichen Kunden und nicht der Kunde zu ihm kommt. Es darf keine vorherige Terminvereinbarung erfolgt sein oder ein entsprechender Kundenwunsch vorliegen.[232] Der Kunde soll vor Überrumpelung geschützt werden. Deshalb kommt es auf seine Initiative entscheidend an. Wird die Bestellung von dem Gewerbetreibenden „provoziert"[233], handelt er ohne vorherige Bestellung.

273 Beispiel:

Mehrere Damen feiern eine Hausparty und laden dazu eine Person ein, die Kosmetikartikel vorführt und dann vor Ort zum Verkauf anbietet. Wenn die Gäste auf den Kauf- und die Bestellmöglichen hingewiesen worden sind, findet kein Überrumpelungseffekt statt, d. h., der Verkäufer handelt mit vorhergehender Bestellung, sodass keine reisegewerbliche Tätigkeit vorliegt.[234]

5.1.3 GEWERBLICHE NIEDERLASSUNG

274 Ein Reisegewerbe setzt weiter voraus, dass der Gewerbetreibende entweder **keine Niederlassung** hat oder seiner Tätigkeit **außerhalb seiner gewerblichen Niederlassung** nachgeht. Gemäß § 4 Abs. 3 GewO besteht eine Niederlassung, wenn eine selbstständige gewerbsmäßige Tätigkeit auf unbestimmte Zeit und mittels einer festen Einrichtung von dieser aus tatsächlich ausgeübt wird.

275 Beispiel:

Bäckermeister Müller hat ein Ladengeschäft in der Innenstadt von Göttingen, also eine gewerbliche Niederlassung. Wenn er seine Waren außerdem auf einem Wochenmarkt in der Umgebung anbieten möchte, handelt er außerhalb seiner gewerblichen Niederlassung und die Tätigkeit stellt damit ein Reisegewerbe dar.

[230] Vgl. Rossi in GewO, § 55, Rn. 13; vgl. Frotscher, Rn. 441.
[231] Stober, Rn. 273.
[232] vgl. BGH, Urteil vom 18.11.1982 - III ZR 61/81, NJW 1983, 868 (869).
[233] Frotscher, Rn. 443; vgl. Robinski, S. 180.
[234] Vgl. OVG Hamburg, Beschl. vom 17.10.2006 - 1 Bs 306/06 - GewArch. 2007, 84; vertiefend Rossi in GewO § 55, Rn. 7 ff.

5.2 ERLAUBNISPFLICHT

Die Ausübung eines Reisegewerbes erfordert grundsätzlich die Erlaubnis der Behörde in der Form der **Reisegewerbekarte.** Es besteht ein Rechtsanspruch auf Erteilung der Reisegewerbekarte, es sei denn, es liegt ein Versagungsgrund vor.[235] Gemäß § 57 Abs. 1 GewO ist die Reisegewerbekarte zu versagen, wenn Tatsachen die Annahme rechtfertigen, dass der Antragsteller die für die beabsichtigte Tätigkeit erforderliche Zuverlässigkeit nicht besitzt. Die Reisegewerbekarte gilt für das gesamte Bundesgebiet. Der sachliche Geltungsbereich (Warenkreis) ist in der Erlaubnis einzutragen. Da die Reisegewerbekarte ein gewerbliches Ausweispapier ist, hat der Gewerbetreibende gem. § 6oc Abs. 1 GewO diese mitzuführen und auf Verlangen der Behörde vorzuzeigen. Gemäß § 60c Abs. 2 GewO ist der Inhaber einer Reisegewerbekarte, der die Tätigkeit nicht in eigener Person ausübt, verpflichtet, den im Betrieb Beschäftigten eine **Zweitschrift oder eine beglaubigte Kopie** der Reisegewerbekarte auszuhändigen, wenn sie unmittelbar mit den Kunden in Kontakt treten sollen. 276

5.3 VERBOTENE TÄTIGKEITEN

Der § 56 GewO enthält eine umfangreiche Auflistung der im Reisegerwerbe **verbotenen Tätigkeiten.** Eine Einschränkung für die **Aufstellung von Warenspielgeräten** im Reisegewerbe regelt § 60a Abs. 2 S. 1 GewO. Unabhängig vom Vorliegen einer Reisegewerbekarte regelt § 60a Abs. 2 S. 2 GewO, dass für bestimmte andere Spiele im Reisegewerbe eine Erlaubnis der für den jeweiligen Ort der Gewerbeausübung zuständigen Behörde erforderlich ist. Gleiches gilt gem. § 6oa Abs. 3 GewO für den **Betrieb einer Spielhalle oder eines ähnlichen Unternehmens.** 277

Beispiel: 278

Karl Schiller ist Inhaber einer Reisegewerbekarte. Er verkauft Schmuckgegenstände aus Silber in der Innenstadt der Stadt Oldenburg. Er bietet seine Waren an zu Preisen von 30 bis 60 Euro. Damit verstößt Karl Schiller gegen § 56 Abs. 1 Nr. 2 GewO, weil das Feilbieten von Silberschmuck nur bis zu einem Preis von 40 Euro erlaubt ist. In Bezug auf die Gegenstände, die diesen Preis übersteigen, handelt es sich um eine verbotene Tätigkeit.

[235] Vgl. Rossi in GewO, § 55, Rn. 27.

5.4 REISEGEWERBEKARTENFREIE TÄTIGKEITEN

279 Der § 55a GewO beinhaltet eine Darstellung von **reisegewerbekartenfreien** Tätigkeiten. Hervorzuheben ist § 55 Abs. 1 Nr. 10 GewO. Danach bedarf einer Reisegewerbekarte nicht, wer **Druckwerke** auf öffentlichen Wegen, Straßen, Plätzen oder an anderen öffentlichen Orten feilbietet.

280 Beispiel:

Landwirt Meier baut auf seinem Hof überwiegend Erdbeeren an. Zur Erntezeit verkauft er diese an der Hauptstraße der Gemeinde Holtensen von einer kleinen Bude aus, die die Form einer Erdbeere hat. Es handelt sich hier um eine reisegewerbekartenfreie Tätigkeit gem. § 55a Abs. 1 Nr. 2 GewO, weil er mit den Erdbeeren selbst gewonnene Erzeugnisse der Landwirtschaft vertreibt. Das Aufstellen der Bude stellt eine straßenrechtliche Sondernutzung dar (§ 18 NStrG) und erfordert deshalb eine gesonderte Erlaubnis.

5.5 BESCHRÄNKUNGEN/NEBENBESTIMMUNGEN

281 Gemäß § 55 Abs. 3 GewO kann die Reisegewerbekarte **inhaltlich beschränkt** werden.

282 Die Reisegewerbekarte kann danach ebenfalls mit einer **Befristung (§ 36 Abs. 2 Nr. 1 VwVfG)** erteilt werden.

283 Außerdem kann sie mit **Auflagen (§ 36 Abs. 2 Nr. 4 VwVfG)** verbunden werden, soweit dies zum Schutze der Allgemeinheit oder der Verbraucher erforderlich ist. Gem. § 55 Abs. 3 Hs. 2 GewO ist unter denselben Voraussetzungen auch die **nachträgliche** Aufnahme, Änderung und Ergänzung von Auflagen zulässig. Sowohl die anfängliche als auch die nachträgliche Erteilung bzw. Ergänzung oder Änderung einer Auflage steht im **pflichtgemäßen Ermessen** der Behörde.[236]

284 Beispiel:

Veranstalter Klaus Möller möchte sog. Fun Sport Events durchführen. Er möchte dazu auf Marktplätzen einen Parcours aufbauen, auf dem Skater und Mountainbike-Fahrer ihre Geschicklichkeit darstellen können. Er erhält die gewünschte Reisegewerbekarte mit der Auflage, den Aktionsbereich gegenüber den Zuschauern abzusichern.

[236] Rossi in GewO, § 55, Rn. 37; vertiefend Schmidt, Rn. 295 ff.

5.6 SONSTIGE BEHÖRDLICHE BEFUGNISSE

285

Norm	Befugnis
§ 55 Abs. 2 GewO	Erteilung von **Ausnahmen** für besondere Veranstaltungen
§ 55e GewO	Erteilung von **Ausnahmen** von der Sonn- und Feiertagsruhe
§ 57 Abs.1 GewO	**Versagung** der Reisegewerbekarte
§ 59 GewO	**Untersagung** einer reisegewerbekartenfreienTätigkeit
§ 60 GewO	Untersagung der **Beschäftigung** einer Person
§ 60c Abs. 1 GewO	Verlangen – die Reisegewerbekarte **vorzuzeigen** – die Tätigkeit **einzustellen** – die Waren **vorzuzeigen**
§ 60d GewO	**Verhinderung** der Ausübung des Reisegewerbes
§ 61a Abs. 1 GewO	**Auskunft und Nachschau** – Anwendung des § 29 GewO
§§ 48, 49 VwVfG	**Rücknahme/Widerruf** der Reisegewerbekarte (nicht anwendbar im Insolvenzverfahren, § 12 GewO)
§ 52 VwVfG	**Rückforderung** der Reisegewerbekarte

5.7 WANDERLAGER

5.7.1 BEGRIFF

Eine besondere Veranstaltung des Reisegewerbes ist das Wanderlager. 286

Ein Wanderlager liegt vor, wenn der Gewerbetreibende außerhalb einer gewerblichen Niederlassung und außerhalb einer Messe, Ausstellung oder eines Marktes von einer festen Verkaufsstätte aus vorübergehend Waren vertreibt oder Dienstleistungen anbietet.[237] 287

Beispiele: 288

Kaffeefahrten mit Verkaufsveranstaltung; Verkauf von Tannenbäumen

Für die Veranstaltung eines Wanderlagers besteht zusätzlich zu der Reisegewerbekartenpflicht nach § 55 Abs. 1 GewO im Interesse des Verbraucherschutzes eine besondere Anzeigepflicht nach § 56a Abs. 1 GewO. 289

[237] Vgl. OVG Rhld.-Pf., Urteil vom 30.04.1997 – 11 A 12655/96. OVG – GewArch 1997, 329 (330).

290 Danach ist die Veranstaltung eines Wanderlagers zum Vertrieb von Waren und Dienstleistungen im Reisegewerbe, auf die durch **öffentliche Ankündigung** hingewiesen werden soll, vorher anzuzeigen.

291 Eine öffentliche Ankündigung liegt vor, wenn eine unbestimmte Zahl von Personen, die durch gegenseitige Beziehungen weder persönlich untereinander noch mit dem Gewerbetreibenden verbunden sind.[238]

292 Zugrunde zu legen ist dabei keine formelle Betrachtung nach der Anzahl der angesprochenen Personen, sondern eine funktionelle Betrachtung nach dem Sinn der Ankündigung. Aus diesem Grund ist auch eine Ankündigung an wenige Personen öffentlich, wenn diese als Multiplikatoren fungieren sollen.[239]

293 Beispiele:

Ankündigung durch Plakate; Verteilung von Einladungskarten

294 Beispiel:

Herr Müller möchte eine Verkaufsveranstaltung in der Form eines Wanderlagers durchführen. Die Veranstaltung soll stattfinden im Saal einer Gaststätte in der Stadt Hameln. Für diese Veranstaltung wirbt Herr Müller mit Anzeigen in der Tagespresse. In diesen Anzeigen wirbt er damit, dass jeder Teilnehmer an einer Verlosung teilnimmt, und stellt Gewinne im Wert von bis zu 50 Euro in Aussicht. Mit dieser Ankündigung liegt ein Verstoß gegen § 56a Abs. 1 S. 2 GewO vor! Danach dürfen in Bezug auf die Durchführung eines Wanderlages u. a. keine Verlosungen angekündigt werden.

295 In der öffentlichen Ankündigung sind die Art der Ware oder Dienstleistung, die vertrieben wird, und der Ort der Veranstaltung anzugeben. Gemäß § 56a Abs. 1 S. 2 GewO dürfen im Zusammenhang mit Veranstaltungen nach Satz 1 unentgeltliche Zuwendungen (Waren oder Leistungen) einschließlich Preisausschreiben, Verlosungen und Ausspielungen **nicht angekündigt** werden.

[238] Vgl. OVG Phld.-Pf., Urteil vom 30. 04.1997 – 11 A 12655/96. OVG – GewArch 1997, 329.
[239] OVG Lüneburg, Urteil vom 20.06.1991 – 7 L 117/89, GewArch 1991, 431.

§ 56 Abs. 1 S. 3 GewO regelt die **Anforderungen an die Anzeige**. Diese hat zu enthalten: 296

Norm	Inhalt/Form
§ 56 Abs. 1 S. 3 GewO	Die Ankündigung ist in **zwei Stücken** einzureichen.
§56 Abs. 1 S. 3 Nr. 1 GewO	**Ort und Zeit** der Veranstaltung
§ 56 Abs. 1 S. 3 Nr. 2 GewO	**Name** des Veranstalters oder desjenigen, für dessen Rechnung die Ware oder Dienstleistung vertrieben werden, sowie die Wohnung oder die gewerbliche Niederlassung dieser Personen
§ 56 Abs. 1 S. 3 Nr. 3 GewO	den **Wortlaut und die Art** der beabsichtigen öffentlichen Ankündigungen
§ 56a Abs. 2 Hs. 2 GewO	eventuell Mitteilung des **Namens des Vertreters**

5.7.2 BEHÖRDLICHE BEFUGNISSE

Die behördlichen Befugnisse im Zusammenhang mit dem Wanderlager regelt § 56a Abs. 2 GewO. 297

Danach kann die nach § 56a Abs. 1 GewO zuständige Behörde die **Veranstaltung eines Wanderlagers untersagen,** wenn: 298

- die Anzeige nach § 56a Abs. 1 GewO nicht rechtzeitig oder nicht wahrheitsgemäß oder nicht vollständig erstattet ist
- oder wenn die öffentliche Ankündigung nicht den Vorschriften des § 56a Abs. 1 S. 1 Hs. 2 und S. 2 GewO entspricht.

Der Erlass einer Untersagungsverfügung steht nach dem Wortlaut der Norm **im Ermessen** der Behörde. 299

Zu beachten ist dabei, dass das **Verhältnismäßigkeitsprinzip** im Einzelfall dazu führen wird, dem Veranstalter eines Wanderlagers vor dessen endgültiger Untersagung Gelegenheit zu geben, den Verstoß in angemessener Zeit zu korrigieren.[240] 300

Die Untersagung ist grundsätzlich an den **Veranstalter** des Wanderlagers zu richten. Nur wenn dieser unbekannt ist, darf einem anderen die Durchführung des Wanderlagers untersagt werden. Dies gilt insbesondere dann, wenn dieser durch sein Auftreten oder durch die öffentliche Ankündigung den Eindruck erweckt, er sei der Veranstalter des Wanderlagers.[241] 301

[240] Vgl. Hess. VGH, Urteil vom 08.09.1976 – II OE 58/75 – GewArch 1977, 90.
[241] Vgl. BVerwG, Urteil vom 03.05.1973 – I C 19/72 – GewArch, 1973, 261 ff.

Vertiefungshinweise

LITERATUR

Globisch, Helmut, Fallbearbeitung „Unerlaubtes Reisegewerbe“, DVP 2015, S. 471– 475.

Hösch, Ulrich, Fälle und Lösungen zum Wirtschaftsverwaltungsrecht 2001, S. 149.

Ratzek, Walter, Zum Begriff der „vorherigen Bestellung“ im Reisegewerbe, GewArch 2014, S. 71– 72.

Scheider, Alfred, Kaffeefahrten aus gewerberechtlicher Sicht, GewArch 2012, S. 392 ff.

RECHTSPRECHUNG

VGH Mannheim GewArch 1995, 159 (160) – Tupperware Partys.

BVerfG, Beschl. v. 27.09.2000 – 1 BvR 2176/98, NVwZ, 2001, 189 – Überschneidung reisegewerblicher und handwerksrechtlicher Leistungen.

VG Neustadt/Weinstr., Beschluss vom 18.04.2012 - 4 L 282/12.NW - GewArch 2012, S. 317–319 – Reisegewerbekarten – Widerruf, Zuverlässigkeit – Einfuhr gefälschter Markenwaren, Flohmarktverkauf.

6 MESSEN, AUSSTELLUNGEN, MÄRKTE

6.1 ANWENDUNGSBEREICH

Die in den §§ 64 bis 68 und 60b GewO aufgeführten Veranstaltungen unterliegen den Vorschriften des IV Titels der Gewerbeordnung, wenn sie nach § 69 GewO festgesetzt sind. 302

6.1.1 PRIVATE VERANSTALTUNGEN

Auf **Privatmärkte**, d. h. Veranstaltungen, die nicht nach § 69 GewO festgesetzt sind, findet Titel IV keine Anwendung. Diese Veranstaltungen unterliegen den Vorschriften für das stehende Gewerbe oder das Reisegewerbe. 303

Die Gemeinden können Märkte auch ohne Festsetzung im Rahmen ihrer Selbstverwaltungsgarantie als **öffentliche Einrichtung** betreiben. Diese können sowohl in privatrechtlicher als auch in öffentlich-rechtlicher Form durchgeführt werden.[242] 304

6.1.2 FORMEN DES MARKTGEWERBES 305

- **§ 60b GewO - VOLKSFEST**
  Beispiele: Oktoberfest; Schützenfest Hannover
- **§ 64 GewO - MESSE**
  Beispiele: Industriemesse Hannover; Buchmesse Frankfurt
- **§ 65 GewO - AUSSTELLUNG**
  Beispiel: Automobilausstellung
- **§ 66 GewO - GROSSMARKT**
  Beispiel: Gemüsegroßmarkt
- **§ 67 GewO - WOCHENMARKT**
  Beispiel: Lebensmittelmärkte
- **§ 68 Abs. 1 GewO - SPEZIALMARKT**
  Beispiele: Kunstmärkte; Trödelmärkte
- **§ 68 Abs. 2 GewO - JAHRMARKT**
  Beispiele: Frühlingsfest; Weihnachtsmarkt

---

[242] Vgl. Robinski, S. 196.

6.1.3 DIE FESTSETZUNG

306 Die Festsetzung ist gem. § 69 GewO die **Ermächtigung zur Abhaltung** der Veranstaltung.

307 Nach § 69 Abs. 1 S. 1 GewO werden festgesetzt:

- Gegenstand
- Öffnungszeit
- Dauer
- Platz der Veranstaltung

308 Gemäß § 69 Abs. 2 GewO **verpflichtet** die Festsetzung den Veranstalter zur Durchführung der Veranstaltung.

309 Gemäß § 69 Abs. 1 S. 1 GewO wird die Festsetzung auf **Antrag** erteilt. Der Veranstalter hat einen Rechtsanspruch auf die Festsetzung, wenn die Voraussetzungen für die Erlaubnis erfüllt sind.[243]

310 Die Festsetzung besitzt keine Konzentrationswirkung, d. h., sie befreit nicht von der Einholung weiterer Erlaubnisse, die für die Veranstaltung erforderlich sind.

311 Der § 69a GewO regelt die **Ablehnungsgründe** für die Festsetzung. Danach **ist** der Antrag auf die Festsetzung abzulehnen, wenn die dort aufgeführten Gründe vorliegen.

312 Insbesondere ist hier **§ 69a Abs. 1 Nr. 3 GewO** hervorzuheben:

313 Die Festsetzung ist abzulehnen, wenn

die Durchführung der Veranstaltung dem öffentlichen Interesse widerspricht, insbesondere der Schutz der Veranstaltungsteilnehmer vor Gefahren für Leben oder Gesundheit nicht gewährleitet ist oder sonstige erhebliche Störungen der öffentlichen Sicherheit oder Ordnung zu befürchten sind.

314 Beispiele:

- Verstoß gegen eine Norm des Sonn- und Feiertagsschutzes
- Verstoß gegen immissionsschutzrechtliche Vorschriften
- Fehlen einer anderweitigen Genehmigung[244]

[243] OVG Hamburg, Urteil vom 11.06.1985 – OVG Bf. VI 32/84 – GewArch 1986, 129 (130, 131).
[244] Vgl. Stober, Rn. 313; vgl. Pielow in GewO, § 69a, Rn. 19 ff.

6.1.4 MARKTPRIVILEGIEN

Die in § 70 GewO geregelte **Teilnahmefreiheit** bedeutet, dass die in Titel II und III der GewO auf Teil IV nicht anwendbar sind und die Gewerbetreibenden von bestimmten anderen Vorschriften freigestellt sind: 315

- ⇨ Es besteht keine Reisegewerbekartenpflicht und keine Reisegewerbeanzeigeplicht.
- ⇨ Der Verbotskatalog des § 56 GewO gilt nicht.
- ⇨ Es besteht keine Anzeige- und Erlaubnispflicht.
- ⇨ Die Beschäftigung von Arbeitnehmern an Sonn- und Feiertagen ist möglich (vgl. § 10 Abs. 1 Nr. 9 ArbZG).
- ⇨ Das Jugendarbeitsschutzgesetz (vgl. § 16 Abs. 2 S. 1 Nr. 2) enthält Ausnahmen.
- ⇨ Die Ladenöffnungsgesetze lassen Sonderregelungen zu.
- ⇨ Das Niedersächsische Gaststättengesetz gilt nicht im Falle des § 68a GewO. [245]

6.1.5 BEHÖRDLICHE BEFUGNISSE

316

Norm	Befugnis
§ 69 Abs. 1 S. 1 GewO	Festsetzung der Veranstaltung
§ 69 Abs. 1 S. 2 GewO	Festsetzung für einen längeren Zeitraum
§ 69a Abs. 2 GewO	Erteilung einer Auflage
§ 69b Abs. 2 GewO	Rücknahme/Widerruf der Festsetzung
§ 70a Abs. 1 GewO	Untersagung der Teilnahme an der Veranstaltung

6.1.6 RECHT ZUR TEILNAHME AN FESTGESETZTEN VERANSTALTUNGEN

Gemäß § 70 Abs. 1 GewO ist jedermann, der dem Teilnehmerkreis der festgesetzten Veranstaltung angehört, nach Maßgabe der für alle Veranstaltungsteilnehmer geltenden Bestimmungen zur **Teilnahme** an der Veranstaltung **berechtigt,** d. h., die Zugehörigkeit zu dem Teilnehmerkreis ergibt sich aus Art und Zweck der Veranstaltung. Gemäß § 70 Abs. 2 GewO kann der Veranstalter die Veranstaltung auf bestimmte Anbieter- oder Besuchergruppen beschränken. 317

Der Teilnahmeanspruch bezieht sich nur auf die **Zulassung zum Markt überhaupt**. 318

Bei der Auswahl der Standorte und Zuweisung der konkreten Standplätze steht dem Veranstalter ein sehr weiter Ermessensspielraum zu.[246] 319

[245] Vgl. Pielow in GewO, § 69, Rn. 18.

[246] VGH München, Beschl. v. 19.07.1991 – 22 B 90.1722 – NVwZ-RR 1992, 218 (219); vgl. Storr in GewO, § 70, Rn. 13.

6.1.6.1 Ausschuss einzelner Teilnehmer

320 Gemäß § 70 Abs. 3 GewO kann der Veranstalter aus sachlich gerechtfertigten Gründen, insbesondere wenn der zur Verfügung stehende Platz nicht ausreicht, einzelne Aussteller, Anbieter oder Besucher von der **Teilnahme ausschließen.**

321 Übersteigt die Nachfrage das Angebot, dann reduziert sich das subjektive Recht auf Beteiligung an einem **ermessenfehlerfreien Auswahlverfahren.**[247]

322 Ein Auswahlverfahren ist rechtmäßig, wenn jeder Bewerber über eine identische Zulassungschance verfügt.[248]

323 Die Auswahl unter mehreren Bewerbern für einen Standplatz muss dabei nach transparenten und nachvollziehbaren Gründen erfolgen.[249]

324 Bei Platzmangel muss sich die Vergabeentscheidung an einem **schlüssigen Marktkonzept** orientieren.

325 **Neubewerber dürfen nicht auf unabsehbare Zeit ausgeschlossen werden!**[250]

---

[247] Vgl. Stober, Rn. 304.
[248] Vgl. BVerwGE 88, 1 ff.
[249] OVG Münster, Beschl. vom 15.05.2017 – 4 A 1504/15 – GewArch 2017, 434 (435).
[250] OVG Lüneburg, Urt. v. 18.07.2002 – 7 LB 3835/01 – NJW 2003, 531; OVG Bremen, Urteil vom 27.04.1993 – OVG 1 BA 49/92 – GewArch 1993, 480.

6.1.6.2 Auswahlkriterien

In der Praxis haben sich insbesondere folgende Auswahlkriterien herausgebildet:[251] 326

- ⇨ das **Prioritätssystem**
(Die Auswahl erfolgt nach der Reihenfolge des Eingangs.)

- ⇨ **Losverfahren**
(Die Auswahl erfolgt durch Losentscheid.)

- ⇨ **rollierendes System**
(Der Bewerber wird nur in bestimmten Abständen zugelassen oder für eine bestimmte Zeit ausgeschlossen.)

- ⇨ **Grundsatz „bekannt und bewährt“**
(Auswahlkriterium ist die Erkenntnis erprobter Eignung.)

- ⇨ **Ortsansässigkeit**
(Auswahlkriterium ist der Wohnsitz des Teilnehmers.)

- ⇨ **Attraktivität des Betriebes**
(Entscheidend hierbei ist die betriebsbezogene Attraktivität in Bezug auf die Anziehungskraft.)

Die alleinige Anwendung eines dieser Kriterien wird regelmäßig dazu führen, dass Neu- 327
bewerber keine wirkliche Chance auf Teilnahme an der Veranstaltung haben und das Auswahlverfahren damit nicht sachgerecht durchgeführt wurde.

Aus diesem Grund bietet sich eine **Kombination mehrerer Kriterien** an. Dabei ist es 328
notwendig, durch die Berücksichtigung verschiedener Kriterien einen möglichst gerechten Ausgleich unter den Bewerbern zu erzielen. Es bleibt aber die Entscheidung des Veranstalters, welche Kombination er wählt.[252]

In einem ersten Schritt sollte eine Reduzierung der Bewerberzahl durch sachgerecht auf- 329
gelistete **anlage- und personenbezogene Kriterien** erfolgen.

Im zweiten Schritt sollte dann auf ein rollierendes System oder ein Losverfahren zurück- 330
gegriffen werden.

Die Einführung einer Ausschlussfrist für die Antragstellung macht ebenfalls Sinn, weil sich 331
dadurch die Bewerberzahl verringern dürfte.[253]

---

[251] Vgl. Storr in GewO, § 70, Rn. 32 ff.; vertiefend Ennuschat in Ennuschat, § 70, Rn. 40 ff.
[252] Vgl. Frotscher, Rn. 484; vertiefend zur Zulässigkeit der Kriterien Ziekow, Studienbuch, § 10, Rn. 94.
[253] Vgl. Ennuschat in Ennuschat, § 70, Rn. 55.

332 Beispiel:

Die Stadt Hameln führt in jedem Jahr einen Weihnachtsmarkt als Jahrmarkt gem. § 68 Abs. 2 GewO durch. Die Ausschlussentscheidung erfolgt nach den Vorgaben der Vergaberichtlinie. Entscheidendes Merkmal ist eine Attraktivitätsbewertung der Teilnehmer, wobei ein Punktesystem zur Anwendung kommt, wonach die Plätze in der Reihenfolge der erreichten Punktzahlen vergeben werden. Bei Gleichwertigkeit wird eine Entscheidung nach dem Losverfahren getroffen. Hier liegt ein schlüssiges und nachvollziehbares Marktkonzept vor, wonach einzelne Bewerber ermessensgerecht abgelehnt werden können, wenn auch Neubewerbern die Teilnahme grundsätzlich ermöglicht wird.

6.2. RECHTSWEG

333 Die Ansprüche der Teilnehmer auf Zulassung zu der Veranstaltung müssen entweder auf dem Zivilrechtsweg oder dem Verwaltungsrechtsweg geltend gemacht werden. Entscheidend dafür ist, ob die Teilnahmebestimmungen privatrechtlich oder öffentlich-rechtlich festgelegt wurden.

334 Bei einem **privaten Veranstalter** ist stets der Zivilrechtsweg gegeben, da dem Veranstalter durch die Festsetzung keine hoheitlichen Befugnisse verliehen werden. Bei **öffentlich-rechtlichen Veranstaltern** kann die Zulassung aufgrund von öffentlich- rechtlicher Teilnahmebestimmungen erfolgen. Dadurch wäre der Verwaltungsrechtsweg eröffnet.

335 Sollte der öffentlich-rechtliche Veranstalter privatrechtliche Teilnahmebestimmungen zur Grundlage machen, wäre auch in diesem Fall der Verwaltungsrechtsweg eröffnet, da die Zulassungsentscheidung einen Verwaltungsakt im Sinne des § 35 S. 1 VwVfG darstellt.[254]

336 Streitigkeiten über die Ausgestaltung des Vertrages (z. B. Miete, Bereitstellung von Wasser- oder Stromanschluss) werden von den Zivilgerichten entschieden.[255]

[254] Vgl. Robinski, S. 200.

[255] Vgl. Robinski, S. 205; vgl. Stober, Rn. 306.

Vertiefungshinweise

LITERATUR

Braun, Christian, Zulassung auf Märkten und Veranstaltungen, NVWZ 2009, S. 747–752.

Donhauser, Christoph, Neue Akzentuierungen bei der Vergabe von Standplätzen auf gemeindlichen Volksfesten und Märkten, NVwZ 2010, S. 931–937.

Schöbener, Jahn, Fälle zum Öffentlichen Wirtschaftsrecht 2. Aufl. S. 152–167.

RECHTSPRECHUNG

OVG Lüneburg in DVP 2014, S. 522–524, Standplatzvergabe für Weihnachtsmarkt.

OVG Münster, GewArch 2017, S. 434–437; Kirmesteilnehmer, Auswahlentscheidung.

VG Münster, NVwZ-RR 14/2020 S. 639–641; Aufhebung eines Vergabeverfahrens zur Veranstaltung von Wochenmärkten.

7 GASTSTÄTTENGEWERBE

337 Das neue Niedersächsische Gaststättengesetz ist am 1. Januar 2012 in Kraft getreten. Gem. § 1 Abs. 1 S. 1 NGastG **ersetzt** es das Gaststättengesetz des Bundes. Entscheidend ist, dass die Regelung des Anwendungsbereichs ergänzt wird durch die **Anwendung der Gewerbeordnung**, soweit das NGastG nichts anderes bestimmt, § 1 Abs. 2 NGastG.

7.1 BEGRIFF DES GASTSTÄTTENGEWERBES

338 Gem. § 1 Abs. 3 NGastG betreibt ein Gaststättengewerbe, wer gewerbsmäßig Getränke oder zubereitete Speisen zum Verzehr an Ort und Stelle anbietet, wenn der Betrieb jedermann oder bestimmten Personenkreisen zugänglich ist.

7.1.1 GEWERBETREIBENDE

339 Gewerbetreibende können sein:

- **natürliche Personen**
- **juristische Personen** (z. B. GmbH, eingetragener Verein)

340 Personengesellschaften und nicht rechtsfähige Zusammenschlüsse sind nicht selbst gewerbefähig. Bei diesen Erscheinungsformen sind die einzelnen Gesellschafter Gewerbetreibende, soweit sie auch geschäftsführungsbefugt sind.[256]

341 Beispiel:

Ein nicht rechtsfähiger Verein möchte ein Gaststättengewerbe betreiben. Der nicht rechtsfähige Verein ist nicht gewerbsfähig, d. h., die Vorstandsmitglieder müssten die Gewerbeanzeige vornehmen und sind damit die Gewerbetreibenden.

7.1.2 GEWERBSMÄSSIG; GEWERBEBEGRIFF

342 Die Gaststätte muss gewerbsmäßig betrieben werden. Der Gewerbebegriff wurde unter dem Kapitel 3 „Stehendes Gewerbe“ ausführlich behandelt. Auf die dortigen Ausführungen wird daher an dieser Stelle verwiesen.

[256] Vgl. Weidtmann-Neuer, § 1, Rn. 23.

7.1.3 ANBIETEN VON GETRÄNKEN UND SPEISEN

Es müssen Getränke und zubereitete Speisen angeboten werden. Gemeint sind damit alle alkoholischen und nicht alkoholischen Getränke, wobei es nicht auf die Form des Angebots (Flaschen; Gläser) ankommt. Das NGastG ist damit auch auf **sog. Mischbetriebe** anwendbar. 343

Ein Anbieten umfasst bereits ein Verhalten, welches der konkreten Abgabe weit vorausgeht. Es reicht die Erklärung, bereit zu sein, **Bestellungen** entgegenzunehmen.[257] 344

Unter dem Begriff der „zubereiteten Speisen" werden alle zum alsbaldigen Verzehr essfertig gemachten Lebensmittel verstanden, wozu auch bloßes Aufwärmen der Speisen zählt. Darunter fallen auch neben gekochten und gebratenen Gerichten z. B. belegte Brote und Kuchen.[258] 345

Beispiel: 346

Herr Schiller betreibt in der Stadt Burgdorf einen Kiosk mit einem Getränkeausschank. Dies stellt das Anbieten von Getränken dar und ist deshalb ein Gaststättengewerbe.

7.1.4 VERZEHR AN ORT UND STELLE

Die Notwendigkeit des Verzehrs an Ort und Stelle stellt eine räumliche Komponente des Gaststättenbegriffs dar. Erforderlich ist, dass ein räumlicher Zusammenhang zwischen der Abgabestelle und dem Ort, an dem das Getränke und/oder die Speise verzehrt werden soll, besteht. 347

Außerdem ist erforderlich, dass der Verzehr alsbald stattfindet, also eine zeitliche Komponente. Zur Beurteilung ist dabei auf die typischen Verkehrsgewohnheiten und Verkehrsanschauungen abzustellen.[259] 348

Beispiel: 349

Herr Krause betreibt einen Pizza-Bringdienst. Er liefert auf Bestellung die zubereiteten Pizzen an seine Kunden. Hier fehlt der räumliche Zusammenhang zwischen dem Geschäft und dem Verzehr der Ware, sodass kein Gaststättenbetrieb vorliegt.

[257] Vgl. Weidtmann-Neuer, § 1, Rn. 26.
[258] Vgl. Barthel/Kalmer/Weidemann, S. 36.
[259] Vgl. Weidtmann-Neuer, § 1, Rn. 27.

7.1.5 JEDERMANN ODER BESTIMMTER PERSONENKREIS

350 Der Gaststättenbetrieb muss einen Öffentlichkeitsbezug aufweisen. Der Betrieb muss **allgemein zugänglich** sein, wobei es ausreicht, wenn ein bestimmter Personenkreis Zugang hat. Unter den Begriff des bestimmten Personenkreises fallen z. B. Angehörige einer bestimmten Gesellschaftsschicht, eines Berufsstandes, Vereinsmitglieder, Besucher einer Veranstaltung und Fahrgäste eines Schiffes.

351 Entscheidend ist, dass jeweils Gruppenmerkmale von in ihrem Mitgliederstand **wechselnden Gruppierungen** vorliegen, nicht aber individuelle Persönlichkeitsmerkmale, wie sie bei einer personengebundenen Einladung gegeben sind.[260]

352 Beispiele für nicht allgemein zugängliche Betriebe:

Hausparty, Hochzeitsfeier, Geburtstagsfeier

353 Die allgemeine Zugänglichkeit entfällt nicht, wenn der Gastwirt nur auf **Klopfen oder Läuten** öffnet, er **Eintrittsgelder** verlangt oder den Einlass nur nach einer Kontrolle gewährt.[261]

7.2 EINSCHRÄNKUNGEN

354 Der § 1 Abs. 4 NGastG schränkt den Anwendungsbereich des NGastG ein. Danach ist **kein Betreiben eines Gaststättengewerbes** im Sinne des NGastG:

- Betreiben einer Kantine für Betriebsangehörige oder
- Betreuungseinrichtung der Bundeswehr, der Bundespolizei u. a.,
- Betreiben von Kantinen einer Bildungseinrichtung,
- Abgabe von Getränken und zubereiteten Speisen an Hausgäste eines Beherbergungsbetriebes,
- Abgabe von Getränken und zubereiteten Speisen als unentgeltliche Kostproben,
- Betreiben von gastgewerblichen Nebenbetrieben an Bundesautobahnen,
- Erbringen gastgewerblicher Leistungen anlässlich der Beförderung in einem Luftfahrzeug, in dem Eisenbahnwagen oder Wagen einer anderen Schienenbahn eines Verkehrsunternehmens, auf einem Schiff oder in einem Bus.

[260] Vgl. Barhel/Kalmer/Weidemann, S. 37.
[261] Vgl. VG Stuttgart, Beschl. vom 12.01.2009 – 4 K 4570/08 – GewArch 2009, S. 130 f.

7.3 ANZEIGEPFLICHT, ERLAUBNISSE

Gemäß § 2 Abs. 1 S. 1 NGastG hat derjenige, der ein stehendes Gaststättengewerbe betreiben will, dies der zuständigen Behörde mindestens vier Wochen vor dem erstmaligen Anbieten von Getränken und zubereiteten Speisen **anzuzeigen.** 355

Gemäß § 2 Abs. 2 S. 1 NGastG ist für diese Anzeige der Vordruck nach dem Muster der Anlage zum NGastG zu verwenden. 356

Der Vordruck ist vollständig, in der vorgeschriebenen Anzahl und gut lesbar auszufüllen, § 2 Abs. 2 S. 2 NGastG. Das Gaststättengewerbe ist damit in Niedersachsen nur noch **anzeigepflichtig!** 357

Im Gegensatz zum Gaststättengesetz des Bundes entfällt die Erlaubnispflicht. 358

Gemäß § 12 Abs. 2 S. 2 NGastG **verlieren** die nach dem Gaststättengesetz des Bundes erteilten und noch geltenden Erlaubnisse und Gestattungen **ihre Wirksamkeit.** 359

Die dazu erteilten Auflagen und Anordnungen (§ 5 GastG) gelten gem. § 2 Abs. 2 S. 2 NGastG fort. 360

Das Gaststättengewerbe wird damit im Ergebnis **zum erlaubnisfreien Gewerbe umgestaltet**, wobei der Gesetzgeber aber eine besondere Überwachung vorgesehen hat. Gemäß § 3 NGastG hat die zuständige Behörde unverzüglich die **Zuverlässigkei**t des Gewerbetreibenden zu überprüfen, wenn mit der Anzeige angegeben wird, das alkoholische Getränke angeboten werden sollen. 361

7.4 UNZUVERLÄSSIGKEIT

Gemäß § 4 NGastG liegt Unzuverlässigkeit des Gewerbetreibenden insbesondere vor, wenn Tatsachen die Annahme rechtfertigen, dass 362

⇨ der Gewerbetreibende dem Alkoholmissbrauch Vorschub leistet

⇨ oder infolge eigenen Alkoholmissbrauchs bei der Betriebsführung erheblich beeinträchtigt ist.

Mit dem Wort „insbesondere" bringt der Gesetzgeber zum Ausdruck, dass es sich nicht um einen abschließenden Katalog handeln soll. Insoweit kommt es maßgeblich auf den Unzuverlässigkeitsbegriff des allgemeinen Gewerbebegriffs an.[262] 363

[262] Barthel/Kalmer/Weidemann, S. 67.

364 **Gewerberechtlich unzuverlässig ist, wer nach dem Gesamteindruck seines Verhaltens keine Gewähr dafür bietet, dass er sein Gewerbe in Zukunft ordnungsgemäß, d. h. entsprechend der gesetzlichen Vorschriften und unter Beachtung der guten Sitten, ausüben wird.**[263]

365 Sonstige Fallgruppen der Unzuverlässigkeit:[264]

- Ausbeutung Unerfahrener, Leichtsinniger oder Willensschwacher
- der Unsittlichkeit Vorschub leisten
- Straftaten Vorschub leisten
- Nichteinhaltung der Vorschriften des Gesundheits- und Lebensmittelrechts
- Nichteinhaltung des Jugendschutzrechts
- Verstöße gegen sonstige Berufsausübungsregelungen
- Verletzung von Aufsichtspflichten
- Einflussnahme unzuverlässiger Dritter (insbesondere Strohmannverhältnis)
- mangelnde wirtschaftliche Leistungsfähigkeit
- Nichtabführung von öffentlich-rechtlichen Abgaben (insbesondere Sozialabgaben)

7.5 VERFAHREN/RECHTSFOLGE

366 Stellt die Behörde die Unzuverlässigkeit eines Gastwirts fest, ist ein **Untersagungsverfahren** einzuleiten. Da das NGastG keine spezielle Ermächtigung beinhaltet, ist gem. § 1 Abs. 2 NGastG die Gewerbeordnung anwendbar. Ein Gaststättenbetrieb stellt ein erlaubnisfreies Gewerbe dar, sodass das Gewerbe **gem. § 35 GewO** zu untersagen ist.

367 Gemäß §§ 1 Abs. 2 NGastG i. V. m. § 35 Abs. 2 GewO kann die Gaststätte während der Zeit der untersagten Ausübung durch einen zuverlässigen Stellvertreter ausgeübt werden, wobei dieser bei einem Alkoholausschank ebenfalls der Überprüfung nach § 3 NGastG unterliegt.

368 Die Gewerbeuntersagung ist ein **Verwaltungsakt mit Dauerwirkung**, gilt also **zeitlich unbegrenzt.**[265]

369 Die **Wiedergestattung** der persönlichen Ausübung des Gaststättengewerbes kann daher nur auf Antrag gem. § 1 Abs. 2 NGastG i. V. m. § 35 Abs. 6 GewO erfolgen. Danach ist dem Gewerbetreibenden die Ausübung des Gewerbes wieder zu gestatten, wenn Tatsachen die Annahmen rechtfertigen, dass eine Unzuverlässigkeit i. S. d. § 35 S. 1 GewO nicht mehr vorliegt.

---

[263] Vgl. BVerwG, Urteil vom 19.03.1970 – IC 6/69, GewArch 1971, 200 (201).
[264] Vgl. Barthel/Kalmer/Weidemann, S. 71–76; vertiefend dazu siehe Metzner, § 4, Rn. 49 ff.
[265] Vgl. Brüning in GewO, § 35, Rn. 55.

7.5.1 ANORDNUNGEN

Eine der wichtigsten (klausurrelevanten) Ermächtigungsgrundlagen ist § 5 NGastG. Nach § 5 Abs. 1 NGastG können die Behörden gegenüber Betreibern eines Gaststättengewerbes im stehenden Gewerbe die **Anordnungen** treffen, die erforderlich sind: 370

- ⇨ zum Schutz der Gäste
- ⇨ gegen Ausbeutung
- ⇨ gegen Gefahren für Leben oder Gesundheit[266]

Beispiele: 371

- ➢ Die Behörde ordnet an, dass der Gastwirt eine Fluchttür freizuhalten hat.
- ➢ Verbot von Wettbewerben, die ein sog. „Kampftrinken" zum Inhalt haben.
- ➢ Anordnung, die die Benutzbarkeit der Toiletten betrifft.
- ➢ Anordnung, die den sicheren Zugang zur Gaststätte regelt.

Gemäß § 5 Abs. 2 NGastG gilt diese Anordnungsbefugnis auch für Reisegaststätten, für die keine Reisegewerbekarte erforderlich ist. Im Vergleich zur Untersagung der reisegewerbekartenfreien Tätigkeit nach § 59 GewO stellt die gaststättenrechtliche Anordnung das mildere Mittel dar.[267] 372

Eine weitere Befugnis stellt **§ 5 Abs. 3 NGastG** dar. Diese Norm regelt die Untersagung der Beschäftigung einer Person. Danach kann ein Beschäftigungsverbot ausgesprochen werden gegenüber allen unzuverlässigen Personen, die für den Gastwirt tätig werden. 373

Beschäftigung einer Person in einem Gaststättenbetrieb liegt vor, wenn diese ohne selbstständig Gewerbetreiber zu sein, im Rahmen der Organisation des Betriebes für dessen Zwecke tätig wird Ein Angestelltenverhältnis ist dafür nicht zwingend Voraussetzung. Es genügt hierfür auch ein tatsächliches Tätigsein, welches auch unentgeltlich durchgeführt werden kann.[268] 374

Beispiel: 375

Die Behörde untersagt einem Gastwirt die Beschäftigung eines angestellten Barkeepers, weil dieser wiederholt gegen § 9 Abs. 1 Nr. 2 NGastG verstößt, indem er Alkohol an erkennbar betrunkene Personen abgibt.

[266] Vertiefend hierzu Weidtmann-Neuer, § 5, Rn. 4 ff.
[267] Vgl. Weidtmann-Neuer, § 5, Rn 14.
[268] Vertiefend hierzu Metzner, § 21, Rn. 4 ff.

7.5.2 BEHÖRDLICHE BEFUGNISSE

376

Norm	Befugnis
§ 3 NGastG	Überprüfung der Zuverlässigkeit
§ 5 Abs. 1 NGastG	Anordnungen
§ 5 Abs. 3 NGastG	Untersagung der Beschäftigung einer Person
§ 6 NGastG i.V.m. § 29 GewO	Auskunft und Nachschau
§ 1 Abs. 2 NGastG i.V.m. § 35 Abs. 1 S. 1 GewO	Untersagung der Gewerbeausübung
§ 1 Abs. 2 NGastG i.V.m. § 35 Abs. 6 GewO	Wiedergestattung
§ 11 Abs. 2 NGastG	Durchführung eines Bußgeldverfahrens

Vertiefungshinweise

LITERATUR

Globisch, Helmut; Weidemann, Holger, Fallbearbeitung, „Der unzuverlässige Mitarbeiter", DVP 2017, S. 335–339.

Globisch, Helmut; Weidemann, Holger, Fallbearbeitung, „Die zugestellte Fluchttür", DVP 2014, S. 155–160.

Korden, Ralf, Die gaststättenrechtliche Beurteilung sog. „Ballermann-Partys", GewArch 2000, S. 11 ff.

Scheidler, Alfred, Strohmannverhältnisse im Gewerberecht in der verwaltungsgerichtlichen Rechtsprechung, GewArch 2014, S. 238–242.

RECHTSPRECHUNG

VGH Kassel, GewArch 2013, S. 39–41, Unzuverlässigkeit des Gastwirts; Strohmannverhältnis.

OVG Bremen, GewArch 2009, S. 491–493, Unzuverlässigkeit, Drogenszene.

VG Hannover, NJW 2008, S. 1015–1017, Untersagung von sog. „Flatratepartys".

LITERATURVERZEICHNIS

Abromeit, Wolfgang;	Zur Unzulänglichkeit der Umsetzung der Genehmigungsfiktion nach Art. 13 Abs. 4 der Dienstleistungsrichtlinie im deutschen Verwaltungsverfahrensrecht, DÖV 2013, S. 133 ff.
Assfalg, Dieter; Gaa-Unterpaul, Brigitta; Troidl, Thomas u. a.:	Aktuelles Gewerberecht, Stand Mai 2020; https://www.walhalla.de/oeffentlicher-dienst-verwaltung/gaststaetten-lebensmittel-gewerberecht/1850/aktuelles-gewerberecht (Zugriff 26.03.2020).
Bader, Johann; Ronellenfitsch, Michael (Hrsg.):	BeckOK VwVfG mit VwVG und VwZG, 47. Edition, München 2020. Zit.: Bearb. in BeckOK VwVfG.
Barthel, Torsten F.; Kalmer, Aloys; Weidemann, Holger:	Niedersächsisches Gaststättengesetz, Wiesbaden 2012.
Bauer, Rainer; Heckmann, Dirk (Hrsg.):	Verwaltungsverfahrensgesetz mit rechtlichen Aspekten des E-Government, 1. Auflage, Wiesbaden 2012. Zit.: Bearb. in Kommentar VwVfG.
Bonk, Joachim; Sachs, Michael (Hrsg.):	Verwaltungsverfahrensgesetz Kommentar Stelkens/Bonk, 9. Auflage, München 2018. Zit.: Bearb. in Stelkens/Bonk.
Detterbeck, Steffen:	Allgemeines Verwaltungsrecht mit Verwaltungsprozessrecht, 18. Auflage, Marburg 2020.
Deutscher Bundestag:	Direktvermarktung landwirtschaftlicher Erzeugnisse, Wissenschaftlicher Dienst, Aktenzeichen WD 5 – 3000 – 150/18; https://www.bundestag.de/resource/blob/583702/70eeb3d6e51e19d6656e79c9548eda03/WD-5-150-18-pdf-data.pdf (Zugriff 23.06.2020).
Diefenbach, Wilhelm:	Die Rechtsprechung des Bundesverwaltungsgerichts zur Gewerbeordnung, GewArch 1991, S. 281 ff.
Ennuschat, Jörg; Wank, Rolf; Winkler, Daniela:	Gewerbeordnung Kommentar, 9. Auflage. München 2020. Zit.: Bearb. in Ennuschat.
Erbguth, Willfried; Guckelberger, Annette:	Allgemeines Verwaltungsrecht, 10. Auflage, Baden-Baden 2020.
Frotscher, Werner; Kramer, Urs:	Wirtschaftsverfassungs- und Wirtschaftsverwaltungsrecht, 7. Auflage, München 2019.
Friauf, Karl-Heinrich; Hahn, Dittmar (u. a.)	Kommentar zur Gewerbeordnung, Loseblattwerk, Letzte Ergänzung 04/2020. Zit.: Bearb. in Friauf.
Funke-Kaiser, Michael; Obermayer, Klaus (Hrsg.):	Kommentar zum Verwaltungsverfahrensgesetz (VwVfG), 4. Auflage, Köln 2014. Zit.: Bearb. in VwVfG.
Grupp, Klaus; Stelkens, Ulrich:	Synopse zum Gaststättengesetz der Länder; http://www.saarheim.de/Gesetze_Laender/gastg_laender.htm (Zugriff 16.06.2020).
Herdegen, Matthias; Scholz, Rupert (Hrsg.):	Grundgesetz Kommentar Maunz/Düring, 90. EL, München 2020. Zit.: Bearb. in Grundgesetz.
Heß, Kurt-Michael:	Wird die Unzuverlässigkeit im Sinne des § 35 Abs. 1 Satz 1 GewO in der Rechtspraxis zu ausufernd angewandt? GewArch 2009, S. 89 ff.
Ipsen, Jörn:	Allgemeines Verwaltungsrecht, 11. Auflage, München 2019.
Klein, Franz:	Abgabenordnung, 15. Auflage, München 2020. Zit.: Bearb. in Klein.
Külpmann, Christoph:	Besonderes Verwaltungsrecht im Assessorexamen, 2. Auflage, München 2016.
Landratsamt Ansbach:	Merkblatt Direktvermarktung landwirtschaftlicher Erzeugnisse; https://www.landkreis-ansbach.de/media/custom/2238_2539_1.PDF?1468233256 (Zugriff 23.06.2020).

Landwirtschaftskammer Rheinland-Pfalz:	Rechtsbestimmungen in der Direktvermarktung; https://www.lwk-rlp.de/fileadmin/lwk-rlp.de/Beratung/EA/PDF/DV/DV_01.1_Recht_Uebersicht.pdf (Zugriff 23.06.2020).
Marcks, Peter:	Makler- und Bauträgerverordnung, 10. Auflage, München 2019.
Marks, Peter; Neumann, Dirk (Hrsg.):	Landmann/Rohmer Gewerbeordnung und ergänzende Vorschriften, 82. EL, München 2019. Zit.: Bearb. in Landmann/Rohmer.
Maurer, Hartmut; Waldhoff, Christian:	Allgemeines Verwaltungsrecht, 19. Auflage, München 2017.
Metzner, Richard	Gaststättengesetz, 6. Auflage, München 2002.
Olschok, Harald; Stober, Rolf (Hrsg.):	Handbuch des Sicherheitsgewerberechts, München 2004. Zit.: Bearb. in Handbuch.
Peine, Franz-Joseph; Siegel, Thorsten:	Allgemeines Verwaltungsrecht, 12. Auflage, Heidelberg 2018.
Pielow, Johann-Christian; Leisner, Walter Georg u. a. (Hrsg.):	Kommentar zur Gewerbeordnung, 2. Auflage, München 2016. Zit.: Bearb. in GewO.
Pielow, Johann-Christian:	BeckOK GewO, 49 Edition – Stand 01.03.2020. Zit.: Bearb. in BeckOK GewO.
Ramsauer, Ulrich; Tegethoff, Carsten u. a. (Hrsg.):	Verwaltungsverfahrensgesetz Kommentar Kopp/Ramsauer, 20. Auflage, München 2019. Zit.: Bearb. in Verwaltungsverfahrensgesetz.
Rixen, Stephan:	Das Verfassungsrecht als vergessener Rahmen der Gewerbeordnung, GewArch 2020, S. 121 ff.
Robinski, Severin; Sprenger-Richter, Bernhard (Hrsg.):	Gewerberecht, 2. Auflage, München 2002.
Ruthig, Josef; Storr, Stefan:	Öffentliches Wirtschaftsrecht, 4. Auflage, Heidelberg 2015.
Schoch, Friedrich:	Das rechtliche Gehör Beteiligter im Verwaltungsverfahren (§ 28 VwVfG), Jura 2006, 833 ff.
Schmidt, Rolf:	Allgemeines Verwaltungsrecht, 15. Auflage, Hannover 2011.
Schmidt, Reiner; Wollenschläger, Ferdinand:	Kompendium Öffentliches Wirtschaftsrecht, 5. Auflage, Berlin, Heidelberg 2019. Zit.: Bearb. in Schmidt/Wollenschläger.
Schönleiter, Ulrich; Stenger, Anja; Zerbe, Marcus:	Frühjahrssitzung 2008 des Bund-Länder-Ausschusses „Gewerberecht", GewArch 2008, S. 242 ff.
Stelkens, Ulrich:	Wirtschaftsverwaltungsrecht, § 2 Grundlagen und Grundbegriffe des Gewerberechts; https://www.uni-speyer.de/fileadmin/Lehrstuehle/Stelkens/Lehrveranstaltungen/Wirtschaftsverwaltungsrecht/___2_WiVerwR_Grundbegriffe_01.pdf (Zugriff 16.06.2020).
Stober, Rolf; Eisenmenger, Sven:	Öffentliches Wirtschaftsrecht – Besonderer Teil, 17. Auflage, Stuttgart 2019.
Suckow, Horst; Weidemann, Holger:	Allgemeines Verwaltungsrecht und Verwaltungsrechtsschutz, 16. Auflage, Stuttgart 2014.
Weidtmann-Neuer, Sabine:	Niedersächsisches Gaststättengesetz (NGastG), Dresden 2012.
Weidemann, Holger; Rotaug, Michael; Barthel, Torsten F:	Besonderes Verwaltungsrecht, Hamburg 2009.
Wolff, Heinrich Amadeus; Decker, Andreas:	Studienkommentar zur VwGO u. VwVfG, 3. Auflage, München 2012. Zit.: Bearb. in Studienkommentar.
Wormit, Maximilian:	Einführung in das allgemeine Gewerberecht, JuS 2017, S. 641 ff.
Ziekow, Jan:	Öffentliches Wirtschaftsrecht, 4. Auflage, München 2016. Zit.: Ziekow Studienbuch.
Ziekow, Jan:	Verwaltungsverfahrensgesetz, 3. Auflage, Stuttgart 2013.